助力乡村振兴出版计划

【新型农民职业技能提升系列】

农业经理人工作指南

主　　编　肖双喜
副 主 编　项宗东　董　萧　梁　进
编写人员　王　成　王芙蓉　王　磊　宋　亮
　　　　　吴慧平　孙　芸　董召荣　张云龙
　　　　　沈　琳　张云燕　陆新文　胡启涛

时代出版传媒股份有限公司
安徽科学技术出版社

图书在版编目(CIP)数据

农业经理人工作指南 / 肖双喜主编. --合肥:安徽科学技术出版社,2022.12(2023.9 重印)
助力乡村振兴出版计划. 新型农民职业技能提升系列
ISBN 978-7-5337-8645-8

Ⅰ.①农… Ⅱ.①肖… Ⅲ.①农业经济管理-指南 Ⅳ.①F302-62

中国版本图书馆 CIP 数据核字(2022)第 235229 号

农业经理人工作指南　　主编　肖双喜

出 版 人:王筱文　选题策划:丁凌云　蒋贤骏　余登兵　责任编辑:左　慧
责任校对:沙　莹　责任印制:廖小青　装帧设计:冯　劲
出版发行:安徽科学技术出版社　http://www.ahstp.net
(合肥市政务文化新区翡翠路 1118 号出版传媒广场,邮编:230071)
电话:(0551)63533330
印　　制:合肥华云印务有限责任公司　电话:(0551)63418899
(如发现印装质量问题,影响阅读,请与印刷厂商联系调换)

开本:720×1010　1/16　印张:8.5　字数:111 千
版次:2022 年 12 月第 1 版　印次:2023 年 9 月第 2 次印刷

ISBN 978-7-5337-8645-8　定价:32.00 元

出版说明

“助力乡村振兴出版计划”(以下简称“本计划”)以习近平新时代中国特色社会主义思想为指导,是在全国脱贫攻坚目标任务完成并向全面推进乡村振兴转进的重要历史时刻,由中共安徽省委宣传部主持实施的一项重点出版项目。

本计划以服务乡村振兴事业为出版定位,围绕乡村产业振兴、人才振兴、文化振兴、生态振兴和组织振兴展开,由《现代种植业实用技术》《现代养殖业实用技术》《新型农民职业技能提升》《现代农业科技与管理》《现代乡村社会治理》五个子系列组成,主要内容涵盖特色养殖业和疾病防控技术、特色种植业及病虫害绿色防控技术、集体经济发展、休闲农业和乡村旅游融合发展、新型农业经营主体培育、农村环境生态化治理、农村基层党建等。选题组织力求满足乡村振兴实务需求,编写内容努力做到通俗易懂。

本计划的呈现形式是以图书为主的融媒体出版物。图书的主要读者对象是新型农民、县乡村基层干部、“三农”工作者。为扩大传播面、提高传播效率,与图书出版同步,配套制作了部分精品音视频,在每册图书封底放置二维码,供扫码使用,以适应广大农民朋友的移动阅读需求。

本计划的编写和出版,代表了当前农业科研成果转化和普及的新进展,凝聚了乡村社会治理研究者和实务者的集体智慧,在此谨向有关单位和个人致以衷心的感谢!

虽然我们始终秉持高水平策划、高质量编写的精品出版理念,但因水平所限仍会有诸多不足和错漏之处,敬请广大读者提出宝贵意见和建议,以便修订再版时改正。

本册编写说明

本书主要内容涉及农业经理人职业道德与基础知识、农业经营管理计划制订、企业组织管理、目标控制、内外协调等方面。

安徽农业大学继续教育学院院长胡启涛、副院长王成、教学科科长孙芸、教师赵璐参与了本项目的管理并承担了资料审核与汇总工作。参加编写的教师包括肖双喜,负责总体框架设计,并承担职业道德、组织管理、市场调查、市场控制、岗位设计等部分内容撰写;董召荣,负责种植业基础知识撰写;吴慧平,负责植物保护与生态环境基础知识撰写;张云龙,负责养殖基础知识撰写;董萧,负责农机基础知识撰写;王芙蓉,负责创新思维、会务组织、内外协调等几大部分内容撰写;王磊,负责“互联网+农业”部分、信息搜索与环境分析等部分撰写;沈琳,负责农耕文化的传承与发展部分撰写;张云燕,负责农业法规、农业政策撰写;宋亮,负责农产品需求供给与价格预测部分撰写;项宗东,负责战略目标与计划制订、要素组织、激励理论、组织行为等部分撰写;陆新文,负责资本结构与股权分配、成本控制等部分撰写;梁进,负责农产品质量部分撰写。本书最后由项宗东、梁进、董萧、肖双喜几位教师共同统稿、审核。

本书可为农业经理人工作提供具体的指导,也可供农业管理教学与科研人员阅读与参考。本书编写得到学校相关部门领导的大力支持,安徽科学技术出版社给本书出版提供了巨大帮助,在此表示衷心感谢!特别感谢新农村发展研究院王华斌副院长给予的细致指导与帮助!编写中参考了相关教材、论文与网络资料,在此向原作者一并致谢!

目 录

第一章 农业经理人职业道德

一 农业经理人职业道德定义

根据2001年中共中央印发的《公民道德建设实施纲要》，职业道德是指"所有从业人员在职业活动中应该遵循的行为准则，涵盖了从业人员与服务对象、职业与职工、职业与职业之间的关系"。而根据社会对职业道德的要求，职业道德又可细分为职业观念、职业态度、职业技能、职业纪律和职业作风等方面。

职业道德是职业所应遵循的基本规范。职，繁体字为職，是指根据耳朵听到的指令后立即去实施，表示一种职位之义；业，是指一个人的主要工作。职、业二字合起来，表示一个人在一定的职位上要做的工作，现特指为个人生活来源提供主要收入的工作。道，原指正式的供人行走的大路，后延伸为客观规律；德，原指一个人的目所视、心所得，是指一个人对客观规律的感悟。道、德二字合起来，原本是指人所掌握的客观规律，包括社会与自然规律，而后特指社会规律，即人的行为规范。职业道德，就是指每一类职业从业者所要遵循的客观社会规律。农业经理人职业道德，就是指农业经理这类职业的所有从业者应该遵循的社会规律，主要表现为人际规范。道德特征是内在自我约束，不存在外部的国家暴力惩罚，其对个人行为影响的层次高于法律。

二 职业道德范围

根据农业经理人职业主要活动，职业道德涉及的范围包括种植、养殖、加工、营销、服务等几种产业活动。此外，作为我国新型职业，农业经理人职业道德还应与2019年中共中央、国务院印发的《新时代公民道德建设实施纲要》保持一致。职业道德包括不同层次内容，具体如下：

1. 习近平新时代中国特色社会主义思想

习近平新时代中国特色社会主义思想，是农业经理人道德之魂，指引农业经理人的人生方向。农业经理人应坚持共产主义与社会主义理想信念，树立道路自信、理论自信、制度自信、文化自信，将农业经理人职业发展融入国家富强、民族振兴、人民幸福的伟大梦想之中。

2. 社会主义核心价值观

社会主义核心价值观是当代中国精神的集中体现，是凝聚中国力量的思想道德基础，是农业经理人职业道德的根基所在。

3. 民族精神和时代精神

以爱国主义为核心的民族精神和以改革创新为核心的时代精神，是中华民族生生不息、发展壮大的坚实精神支撑和强大道德力量。农业经理人道德规范中应融入中国人民伟大创造、奋斗、团结、梦想等民族精神，以及改革开放精神、劳动精神、劳模精神、工匠精神、优秀企业家精神、科学家精神等时代精神，形成职业道德主体内容。

4. 中华传统美德

中华传统美德是中华文化精髓，是农业经理人职业道德的不竭源泉。农业经理人应将传统文化中讲仁爱、重民本、守诚信、崇正义、尚和合、求大同等思想理念，以及自强不息、敬业乐群、扶正扬善、扶危济困、见义勇为、孝老爱亲等传统美德，融入新农人职业实践中，成为农业经理人职业道德的重要组成部分。

5.现代农业特征所要求的职业规则

现代农业有其特有规律,如农产品特殊质量属性具有不可感知性,现代农业监管困难等,这些现代农业的特征对农业经理人有根据环境变化及时决策、主动劳动、敬业等道德要求。

三 职业道德规范

根据《新时代公民道德建设实施纲要》,“爱岗敬业、诚实守信、办事公道、热情服务、奉献社会”的行为规范,是各行各业应遵循的基本道德规范。在此基础上,结合现代农业的特殊性,农业经理人职业道德规范主要如下:

(一)爱岗敬业,诚实守信

农业工作相对辛苦,农业经理人没有热爱就无法承受工作中的辛苦。对于自己不喜欢的工作,一定要形成职业情操,积极、专业地完成岗位职责。敬业是一个组织发展良好的基础,只有每个岗位上的工作人员都完成好本职工作,才有可能推动组织的发展。农业经理人往往一岗多责,甚至一人多岗,如果没有敬业精神,就无法完成相应任务。

农产品质量具有极强的信息不对称特征。农业经理人在农产品营销过程中如果出现欺骗消费者的行为,消费者往往无法及时发现。但欺骗消费者的行为一旦被发现,企业建立的信誉就会消失殆尽。因此,诚实守信对于农业经理人格外重要,它是企业营销的根基。此外,农业活动体现人与自然的关系,任何工作没有做到位,都会产生相应的不良后果。相对于一般职业,对于从事现代农业运营的农业经理人而言,诚实守信显得格外重要与珍贵。

(二)办事公道,服务群众

农业经理人要与大量的农民打交道。普通农民希望自己能得到经理人公正对待。而一旦发现不公道,农民会以自己的方式加以惩罚,如故意降低劳动效率,故意不及时上报发现的问题等。所以,一个好的农业经理人必须要办事公道,不能出现不公的情况。

现代农业已经改变了只重生产不重服务的态势。农业经理人必须直接面向消费者,直接服务于社会群众。只有具有良好的服务精神与理念,才可以帮助企业形成良好的公共形象,助力企业不断发展。

(三)奉献社会,忠于企业

现代农业企业发展不仅要能满足消费者需求,也要能满足社会公共利益,尤其是不得破坏社会利益。对于农业企业来说,不仅要通过生产出健康的食品回报社会,更要通过技术升级,恢复生态,保护好环境。

由于我国现代农业正处于发展阶段,大量农业企业不断涌现。为了节省人才培养成本,大量企业走向了直接挖人的道路。而一个农业经理人之所以能产生价值,不仅是自己具有职业技能,而且与自己服务企业有密切的关系。所以,在不存在重大利益冲突的情况下,任何经理人都要忠诚于自己所服务的企业,维护好企业的利益,不能用自己所掌握的权力与能力谋取私利。

(四)因需而做,尊重自然

农业经理人要有主人翁精神,根据企业实际需要,尤其是节气需要,积极主动完成各项农业劳动与经营管理活动。如果农业经理人不具备主动工作的意识,大量的工作得不到及时处理,这个农业企业失败概率极高。尤其是农业活动受天气影响非常大,许多活动需要农业经理人及时独立决策,及时实施,一旦错过时机,损失巨大。如果所有重要的事情都需要由企业所有者决策与督促,大量的机会就会错过,企业发展会非常艰难。

尊重自然不仅体现在农业活动要顺应节气,更体现在要按照自然规律去管理农业,在不断提升农产品质量的过程中,不破坏环境,实现人与环境和谐共生,最终实现人类的可持续发展。

(五)勤奋劳动,善于学习

天道酬勤是我国农民在几千年与自然的互动中获得的重要经验。在自然面前,偷懒一定会被发现,所以勤奋工作成为农民得以生存与发展的重要手段。在所有行业中,都可见到中华儿女勤奋工作的身影。一个人如果懒惰,将无法成为一名合格的农业经理人。

现代农业发展速度非常快,新技术、新工具不断涌现。农业经理人如果不能及时学习,就会失去掌握必要知识与技能的机会,也就不能高质量完成工作。所以,农业经理人必须研究行业政策,勤奋学习,以勤补拙,不断进步,止于至善。

第二章 农业经理人基础知识

第一节 农业经理人农业基础知识

一 种植业基础知识

(一)农业的概念

广义农业是指利用生物的生长发育规律,通过人工培育来获得产品的产业。农业属于第一产业,它包括种植业、林业、畜牧业、渔业、副业五种产业形式,狭义农业是指种植业。农业,其本质上就是粮食作物、经济作物、饲料作物和绿肥等农作物的生产活动。发展农业可以促进农民持续增收,提高农民生活水平,改善生活质量;农业是社会经济持续稳定发展的基础,农业稳定发展将使各行各业全面地、均衡协调地向前发展。农业稳定发展,能促使全国人民的生活水平有更好更快的提升。只有全国人民共同富裕了,国民收入才会增多,这样国家的各项公共开支才会更加有保证,各项制度才会更加完善和更加健全,全国人民的生活才会越过越好,越过越幸福。因此,农业是支撑国民经济建设与发展的基础产业。

(二)农作物生产的特点

1.严格的地域性

因不同地区的地形、气候、土壤、水利等自然条件不同,再加上社会经济、生产条件、技术水平等差异,农作物生产具有地域性特点。

2.明显的季节性

因农作物生长周期长,大多又是露天生长的,而一年四季的光、热、水等自然资源状况不同,必须根据农作物的需求,合理掌握农时季节。如河南省的夏棉过了6月10日、浙江省的晚稻过了立秋再播种,高产就没有保证。

3.生长的规律性

农作物是有生命的有机体,其生长发育具有规律性。首先,不同农作物种类具有不同的生命周期,如冬小麦两年生。其次,农作物在一个生命周期内有一定的阶段变化。

4.生产的连续性

农业生产是一个连续的过程,要有全面和长远的眼光。一个生产周期与下一个周期,上一茬作物与下一茬作物是紧密相连、互相制约的。

5.系统的复杂性

农作物及品种有自身特点,其生产受多种因子的影响,不同的措施对农作物生产也会带来影响,而且农作物栽培的目标也是多样的。它要求用整体的观点和系统的方法,进行综合性研究,协调各种因子的相互关系,谋求最大效益。

(三)农作物分类与相关概念

1.农作物分类(粮食作物与经济作物)

农作物是指农业上栽培的各种植物,它包括粮食作物、经济作物、饲料作物、工业原料作物、药材作物等。作为生物的一种,可食用的农作物是人类基本食物的来源之一，但总的来说，农作物分为粮食作物和经济作物两大类。

粮食作物包括水稻、小麦、玉米、豆类、薯类等，经济作物主要包括油菜、棉花、花生、胡麻、大麻、向日葵等，饲料作物包括紫花苜蓿、黑麦草等。

2. 长日照作物与短日照作物

长日照作物包括大麦、油菜、豌豆、甜菜、萝卜、苜蓿、洋葱、菠菜等，短日照作物包括水稻、棉花、玉米、甘薯、大豆、烟草等。

3. 农业自然灾害分类

气象灾害包括洪涝、干旱、低温、霜冻、飓风、冰雹、雷击等，生物灾害包括农作物病害、虫害、草害等，地质灾害包括泥石流、滑坡、地面塌陷、水土流失、土地沙化等。这些自然灾害往往导致农业减产减收，甚至危及人民生命安全。因此，需要采取积极的减灾避灾措施和灾后补救措施，最大限度地预防自然灾害发生，减少灾害带来的损失。

4. 农作物生命活动过程的三基点温度

三基点温度包括最适温度、最低温度、最高温度。

5. 农作物的产量构成因素

禾本科作物包括水稻、小麦、大麦、燕麦、玉米、高粱等。禾谷类作物的产量构成因素有穗数、亩穗数、结实率、千粒重或百粒重。

豆类作物产量构成因素：株数、单株有效分枝数、每分枝荚数、单荚实粒数、粒重。

薯类作物产量构成因素：株数、单株薯块数、单薯重。

棉花产量构成因素：株数、单株有效铃数、单铃籽棉重、衣分。

油菜产量构成因素：株数、单株有效分枝数、每分枝角果数、每果粒数、粒重。

6. 经济产量

经济产量是指农作物种植所收获的主产品的干物质总量。不同种类的农作物由于其栽培目的不同，它们被利用的主产品也不同，如谷类和豆类作物的主产品是籽粒；薯类作物主产品是块根、块茎；棉花主产品是种子、纤维；绿肥作物主产品是鲜草。经济产量体现作物的有效生产力。

（四）安徽省农业概况

安徽省农业地理条件优越。安徽省位于我国东南部，与山东、江苏、浙江、江西、湖北、河南六省接壤，面积约为14.01万平方千米，地貌呈现多样性，有平原、山地、丘陵、台地、水面等。长江、淮河横贯东西，平原、丘陵、山地相间排列，北部平原坦荡，中间丘陵起伏，黄山、九华山逶迤于南缘，大别山脉雄峙于西部，形成安徽省地势西高东低、南高北低的特点。河流基本属于长江、淮河两大水系，南部和浙江接壤的小部分地区属新安江（钱塘江）水系。长江在安徽省内呈西南—东北流向，干流长约416千米，两侧重要支流有皖河、秋浦河、漕运河、青弋江、滁河等。长江沿岸湖泊众多，面积较大的有巢湖、大官湖、泊湖、菜子湖等。其中巢湖为全国第五大淡水湖、全省第一大湖。淮河横贯安徽省北部，省内流域面积约为6.7万平方千米，两岸支流众多，呈不对称的羽毛状，重要的支流有颍河、西淝河、涡河、浍河、淠河等。新安江发源于休宁县境内，为钱塘江的正源，省内干流长约240千米，流域面积约为6 500平方千米。安徽省全省大致可分为五大农（林茶）区。

1. 淮北平原农业区

它是黄淮海平原的一部分，地面由西北向东南略有倾斜，海拔20~40米，主要农作物为小麦、薯类、豆类、玉米、棉花、花生、芝麻、麻类等，畜牧业生产以牛、猪、羊、鸡、兔为主，是全省重要的粮油棉基地。重点打造国家优质专用小麦、安全玉米、高蛋白大豆等粮食生产基地，长三角地区重要的设施蔬菜、特色水果和中药材绿色生产基地。

2.江淮丘陵农业区

它主要由丘陵、台地和镶嵌于其间的河谷平原组成，主要山岭呈东北至西南走向。东部为江淮水系的分水岭，海拔100~300米；西北部略低，河谷平原宽阔。主要种植水稻、小麦、薯类、棉花、油菜、花生、麻类等农作物，畜牧业生产以猪、禽为主。重点打造国家优质水稻、优质油菜绿色生产区，打造绿色优质瓜果、蔬菜生产基地，加大品牌建设力度，为长三角城乡居民提供安全优质的食品。

3.沿江平原

沿江平原是长江中下游平原的一部分，包括巢湖流域的湖积平原和长江沿岸的冲积平原，海拔在20米左右，河网密集，土地肥沃。农作物以水稻、油菜、棉花为主，畜牧业生产以猪、水禽为主，稻田综合种养发展较快。重点建设国家优质水稻、优质油菜、优质棉花、优质蔬菜生产区，成为长三角重要的农产品生产绿色基地。

4.皖西大别山林特区

该区位于安徽省与湖北、河南两省交界处，为大别山的主体部分，地势险要，海拔1 700米以上的山峰有多座。农作物以水稻、油菜为主，坡地种植玉米、薯类及经济作物，畜牧业生产以猪、牛、禽为主。按照绿色发展、生态优先的要求，发展多功能农业，在不损害生态环境和农产品供给前提下，依托山区资源优势，建设品牌茶叶、道地中药材、高山蔬菜和绿色有机稻米等山区绿色农产品生产基地。

5.皖南山地林茶区

该区位于安徽省长江以南，大部分海拔200~400米，山形圆浑、秀气。黄山屹立在该区中部，最高峰海拔1 864.8米，为安徽省最高点。皖南已成为全国最主要的外销茶区。农作物以水稻、油菜为主，畜牧业生产以猪、牛、禽为主,“黄山毛峰”“太平猴魁”“祁红”“屯绿”等茶叶都久负盛名,享誉国内外。扬生态之长,建设一批休闲农业和乡村旅游示范片(点),打造长三角休闲、养生、旅游的后花园。

安徽省是全国粮食主产省。据安徽省农业农村厅提供的资料显示,2022年安徽省粮食种植面积10 971.3万亩(1亩≈666.7平方米),总产量820.02亿斤(1斤=500克),再创历史新高,种植面积居全国第4位,总产量居全国第4位。粮食作物主要有小麦、稻谷、玉米、大豆、薯类等。其中小麦种植面积4 274.1万亩,总产量344.5亿斤;水稻种植面积3 744.7万亩,总产量316.9亿斤;玉米种植面积1 843.4万亩,总产量132.7亿斤;大豆种植面积916.1万亩,总产量18.8亿斤。大宗经济作物主要有油菜、棉花、蔬菜等,其他如茶叶、蚕茧、水果、中药材等都是重要的经济作物。

二 农业生态学基础知识

(一)生态学的概念

生态学是研究生物与其环境相互关系的学科。生物的环境既包括光、热、水、气等各种非生物环境,也包括植物、动物、微生物等生态环境。

(二)作物生态学的概念

作物生态学是指作物与其环境相互关系的科学。作物生态学作为生态学的一个分支学科,将研究目标具体到农业生产上的作物,将作物与其有机及无机环境作为一个整体,研究其相互作用、协同演化。作物生态学以作物为主要研究对象,作物生态系统的主要环境指作物生活空间内外界条件的总和,包括自然环境中的土壤、空气、日照、温度、生物、水域、矿产、岩石等和栽培环境中的人为因素。

(三)作物生态学的任务

作物生态学的任务就是运用作物生态学的理论和方法,分析研究农业作物领域中的生态问题，揭示作物生态系统各种内外因子相互关系的规律，协调作物生态系统组分结构及其功能，探讨最佳作物生态系统模式，促进现代农业生产的持续高效发展。它不仅是阐述作物生态原理，而且要面对农业生产现实，提出协调各种关系和推动农业可持续发展的各种可行方案。农业生产三个基本要素为作物生产、畜牧业(动物)生产和土壤培肥。作物生态学的研究对象主要是作物生态系统。在基础和应用基础研究方面，作物生态学要揭示作物生态系统的结构组成规律、功能运转规律、输入输出构成规律、效率与效益提高规律、系统调控规律、系统演变规律等。在应用研究方面，作物生态学为生态农业建设、农村可持续发展、健康安全食品生产等开展现状评估、诊断和预测，提供农业优化模式的工程设计，并对配套的技术和政策提供建议。

(四)逆境条件与作物生产

逆境是对作物生存、生长发育不利的各种环境因素的总称。作物对逆境条件的抵抗和忍耐叫作作物的抗逆性，是作物对环境的一种适应反应。安徽省主要农业气象灾害包括干旱、洪涝、低温冷害、高温热害、干热风、大风、冰雹等。

(五)抗逆、减灾与作物高产、优质、高效生产的关键措施

1.因地制宜选种适合的作物和抗逆性强的品种

作物的抗逆性大多是由遗传特性决定的，因此根据不同地块的旱涝、土壤质地、生育期，选种适宜的作物是很有必要的，不能一味地种植玉米、水稻。水田改旱田可种植旱稻、大豆，可解决旱涝地块的作物选择难题。选用适宜生育期，安全成熟、抗逆性强的品种，保证安全成熟、提高品质、灾年减少损失是很有必要的。就牧草而言，在安徽适合种植黑麦草、高丹草、墨西哥玉米草等。

2. 培肥地力，合理施肥

培肥地力是农作物高产、优质、高效的基础，土壤肥力在一定程度上决定农作物产量的高低和品质的好坏。目前行之有效的办法是采取土壤改良、增施农肥、秸秆还田等基础农业措施，使土壤腐殖质提高，理化性质增强，结构合理，保证农作物生长发育的基础条件。合理施肥，目前主推的是平衡施肥与配方施肥。根据农技部门土壤样品化验结果及提出的施肥建议进行合理配方施肥，施肥时期的选择与技术的运用要在农技部门指导下进行。适时合理使用叶面肥、促控剂是目前行之有效的方法，这样才能保证高效、经济施肥，实现早发、中旺、后健的作物长势。现在还可以种养结合，这个模式适合大部分地区，而它的核心就是饲料，解决了饲料问题，就解决了大部分问题。

3. 加强灌溉、排水设施建设

灌溉、排水的中心任务是合理利用自然资源，科学有效地利用水、土、气、热和养分的关系，形成良好的作物生产环境。我们只有持续加强灌溉、排水等农业基础设施建设，提高抗、耐逆性，提高减灾抗灾能力，才能实现确保高产稳产的目的。而农业基础设施建设需要在合理的耕作制度上完成，需要不同的种植制度和养地制度。

4. 病虫草害绿色防控

病虫草害绿色防控为作物高产、优质、高效生产保驾护航。而当前高产、优质、无公害绿色农业又给植保工作提供了新的课题，优质品种的抗病虫性，绿色食品对农药、肥料的高要求等，都需在植保技术上进行改革，如选用抗病虫品种，贯彻预防为主、综合防治方针，加强监测，推广生物防治、物理防治等新技术。

（六）种养结合

种养结合的核心是饲料。种养业生产废弃物也是物质和能量的载体，可以作为肥料、饲料、燃料以及其他工业化利用的重要原料。其中，秸秆含有丰富的有机质、纤维素、粗蛋白、粗脂肪和氮、磷、钾、钙、镁、硫等各种营养成分，可广泛应用于饲料、燃料、肥料、造纸、建材等各个领域。1吨干秸秆的养分含量相当于50~60千克化肥，饲料化利用可以替代0.25吨粮食，能源化利用可以替代0.5吨标准煤。畜禽粪便含有农作物所必需的氮、磷、钾等多种营养成分，施于农田有助于改良土壤结构，提高土壤的有机质含量，提升耕地地力，减少化肥施用。1吨粪便的养分含量相当于20~30千克化肥，可生产60~80立方米沼气。我国秸秆年产生量超过9亿吨，畜禽养殖年产生粪污38亿吨，资源利用潜力巨大。发展种养结合循环农业，按照“减量化、再利用、资源化”的循环经济理念，推动农业生产由“资源—产品—废弃物”的线性经济向“资源—产品—再生资源—产品”的循环经济转变，可有效提升农业资源利用效率，促进农业循环经济发展。

三 养殖业基础概念

广义上的养殖业包括畜禽养殖业、水产养殖业和野生经济动物驯养业，但不包括在自然环境中从事的捕捞（如远洋捕捞、近海捕捞、内陆水域捕捞等）、狩猎等活动。狭义的养殖业多指畜禽养殖业，主要包括牛、马、驴、骡、骆驼、猪、羊、鸡、鸭、鹅、兔、蜂等家畜家禽饲养业和鹿、貂、水獭、麝等野生经济动物驯养业。养殖业不仅为纺织、油脂、食品、制药等工业提供原料，也为人民生活提供肉、乳、蛋、禽等丰富食品，为农业提供役畜和粪肥。

畜禽养殖业是利用畜禽等已经被人类驯化的动物，或者鹿、麝、狐、貂、水獭、鹌鹑等野生动物的生理功能，通过人工饲养、繁殖，使其将牧草和饲料等植物能转变为动物能，以取得肉、蛋、奶、毛、绒、皮张、蚕丝和药材等畜产品的生产部门，是人类与自然界进行物质交换的极重要环节。养殖业是农业的主要组成部分之一，与种植业并列为农业生产的两大支柱。发展畜禽养殖业有重要意义，主要表现为：①提供肉、奶、蛋类等动物性食品；②为工业提供毛、绒、皮、鬃、骨、肠衣等原料；③通过畜产品出口取得外汇；④促进畜牧业投入品工业和畜产品加工业的发展，增加劳动就业机会；⑤为农作物生产提供有机肥料；⑥增加农民收入；⑦为农业和交通运输业提供畜力；⑧促进广大牧区的经济和文化发展，加强各民族间的团结。

水产养殖业是人类利用可供养殖（包括种植）的水域，按照养殖对象的生态习性和对水域环境条件的不同要求，运用水产养殖技术和设施，从事水生经济动植物养殖，为农业生产部门之一。发展水产养殖有重要意义，表现为：①能经济地为人类提供优质动物蛋白食品。在动物饲养中，鱼类是水生变温动物，较之陆生恒温的家畜、家禽能量消耗少，饲料转化效率高，产品中动物蛋白质含量也高。②能为工业提供原料，是医药工业、化学工业、饲料工业等的重要原料来源。③对于弥补海洋捕捞的不足具有重大作用。随着世界人口的迅速增长和经济的发展，人类对动物性蛋白质的需要量日益增加，但捕捞量受到天然渔业资源更新的限制。渔业预测指出，年渔获量不断增加的趋势已达到顶点，今后单靠捕捞天然渔业资源将无法满足需求。④有利于维持生态平衡。在近海地区，可因养殖产量增长减轻捕捞强度，防止过度捕捞导致生态失去平衡；在内陆水域，水产养殖与农业的其他一些生产相结合，利于形成良性生态循环。

四 田间作业机械

农业机械泛指农业生产在产前、产中、产后多个环节中所使用的机械，大部分农业机械可以视作动力部分和作业部分（农机具）的总成。动力部分包括汽油机、柴油机、电动机等，为作业部分提供动力总成。作业部分包括旋耕机、播种机、深松机等，直接完成农业生产中的各项作业。

五 智慧农业的发展

智慧农场的概念源于20世纪后半叶出现的精准农业，为解决农业发展中遇到的水土流失、环境恶化、田地差异等问题，利用遥感技术、物联网技术、地理信息技术、大数据等手段，让农业生产人员实时掌握关键农情数据，配合专家系统进行诊断，针对不同农情进行精准施肥、精准打药，实现降低成本、提高产量、减少环境污染和温室气体排放等目标。

随着人类社会的发展，农场的形态发生了巨大的改变，大体可以分为四个形态。第一个形态是传统农场。传统农场历史悠久，以人力、畜力为主，辅以铁器等简单的工具，从事粮食生产、畜牧养殖等农业行为，生产效率低下。第二个形态是机械化农场。机械化农场在工业革命后开始出现，依托内燃机或者电动机驱动各类农业机械取代人力、畜力，实现大规模农业生产，提高生产效率。第三个形态是自动化农场。得益于计算机技术的发展，自动化农场出现于20世纪后半叶。使用自动化设备替代传统农机，实现农场生产管理的自动化。第四个形态是智慧农场，人工智能、大数据、物联网技术的飞速发展，使得人不进入农场，通过智能装备和机器人的自主作业完成农业行为的农场形态成为可能，目前已有多个国家的智慧农场处于试验示范阶段。

第二节　涉农经济组织经营管理知识

一　涉农经济组织定义

涉农经济组织是指直接与农业种植、养殖、加工、营销、服务、农产品产地消费相关的市场经济主体以及自发组建的自我管理组织，包括小农户、专业大户、农场、有限责任公司、农民专业合作社、股份经济合作社、协会等。涉农经济组织以农为特色，发展涉农各项业务，包括传统的农业种养业，也包括农产品加工、农业生产性服务业以及以农业、农村为基础的现代研学与其他生活性服务业。

二　涉农经济组织类型

(一)普通农户与专业大户

这是我国传统农业最小组织，由家庭劳动力承担农业生产。其优点是监管成本接近于零，且决策灵活，特别适合农业生产。农民具有在市场自由交易的能力，但由于未进行工商登记，进行规范交易时无发票、无印章，所以不是完整的市场法人，而仅作为自然人进行交易。与普通农户相似的是专业大户，其区别仅在于专业大户技术水平更高，专业化程度更高。

(二)家庭农场

家庭农场是经过工商注册的农业生产组织，一般由种养大户注册而成，是市场法人，可以进行一切市场交易。

(三)农业有限责任公司

农业有限责任公司指从事农业的有限责任公司，可从事与农业相关的经济活动，包括各类营销等生产性服务活动，以及农家乐等生活性服务活动。

（四）农民专业合作社

农民专业合作社是指在农村家庭承包经营基础上，同类农产品的生产经营者或者同类农业生产经营服务的提供者、利用者，自愿联合、民主管理的互助性经济组织。农民专业合作社以其成员为主要服务对象，提供农业生产资料的购买，农产品的销售、加工、运输、贮藏以及与农业生产经营有关的技术、信息等服务。

（五）农村集体股份经济合作社、农业协会以及田园综合体

集体股份经济合作社是农业农村部赋码登记合作社，其业务与农民专业合作社不同，并非单一业务，而是综合性业务，更像农村发展平台，服务于各类农业企业发展。股份经济合作社与农民专业合作社区别在于其股份不是完全根据社员进行匹配的，也就是不是完全的“人合”，而是具有“资合”的特征。股份经济合作社是将集体资产按社员资格分配给社员，具有“人合”的特征，但是又可以接受社会工商资本投资，并给予投资者相应股份，这又具有“资合”的特征。此外，与农民专业合作社相比，股份经济合作社是典型的综合社，其业务并不是专业性的，而是包括各种业务的综合体，不仅有生产、供销，还有信用、生活服务等。

农业协会是各类农业企业的联合体，不具有市场法人地位，主要服务于协会内部成员，完成本行业一些公共事务。田园综合体是2017年中央一号文件所提出的一个全新概念，往往被误以为是一种农业经济组织。实际上，田园综合体不是经济组织，而是农村产业发展的一种新型业态，可以理解为合作社所包含的各类业务，包括与农业相关的加工、营销、研学、餐饮、住宿等各类生产性与生活性服务业。田园综合体由于具有规模经济与范围经济优势，是农村重点发展的未来业态。

三 涉农经济组织组建

(一)家庭农场创建

种养大户可以通过申请注册为家庭农场,先提交5年期土地租赁合同、规范财务记录等资料到乡镇农经站,审核通过后提交资料到县农业农村局,审核达标后再到县工商行政管理局完成工商登记,可以进行常规市场交易。

(二)农民专业合作社

5位以上农民按《中华人民共和国农民专业合作社法》要求提交相关资料,到县工商行政管理局进行登记注册,经审核后颁发营业执照,再到金融机构开户后,可以进行市场交易。

(三)有限责任公司

按国家有限责任公司相关法律,经工商登记注册,有限责任公司可以进行各类市场活动。

(四)股份经济合作社

股份经济合作社由农业农村部赋码登记,正在发展之中,工商登记尚未明确。而在我国市场主体一般须经工商登记注册,才可进行市场交易。

(五)农业协会

农业协会由相关农业企业自主成立,一般到县民政局登记注册,一般不进行市场交易,主要完成协会成员所需的服务活动。

四 涉农经济组织岗位

(一)涉农经济组织岗位设计

不同的涉农经济组织有不同的岗位。一般情况下,共分为五类:第一类是生产岗位,主要负责种植、养殖、加工等;第二类是营销岗位,主要负责企业采购与销售以及品牌建设与宣传；第三类是财务管理岗位，主要包括财务、金融等；第四类是新型服务岗位，主要包括研学、食宿、体验、休闲等；第五类是决策岗位，主要是指企业最高管理者。以上五类岗位在小企业中可以兼任，甚至在规模极小的农业企业中只有一个岗位。如在某些小型农场中，只有一个农场主负责农场方方面面的工作。而随着企业规模的扩大，会有岗位不断细分出来，企业最终实现专业化管理。

（二）涉农经济组织岗位调整

涉农经济组织岗位应根据业务发展需要随时调整，岗位可以合并与兼设。

五 涉农经济组织职能

（一）各类型涉农经济组织主要职能

不同的经济组织有不同的职能。对于农场而言，其主要功能是生产；而对于合作社而言，其主要功能是服务，其生产功能还是交由社员，且多数是家庭农场完成；有限责任公司，一般兼顾生产与服务，实现各项业务一体化发展。而最新发展的农村集体股份经济合作社，更多也是提供发展平台与公共服务。

（二）涉农经济组织职能优化

不同主体职能可根据环境适时优化。管理能力强的家庭农场，可以进入加工、服务领域，承担各项加工与服务职能。而有限责任公司也会因机械化水平提升，而进入生产领域，承担更多的生产职能。

根据业务量适时优化岗位职能。由于涉农组织的业务随着环境变化而不断调整，当某个岗位业务越来越多时，其职能会出现专业化；如果业务越来越少，其职能会出现兼职化，一个岗位会承担多个职能。

第三节 “互联网+农业”

一 “互联网+农业”的定义

2016年，中央一号文件指出，“大力推进‘互联网+’现代农业，应用物联网、云计算、大数据、移动互联等现代信息技术，推动农业全产业链改造升级”。

“互联网+农业”就是依托互联网的信息技术和通信平台，使农业摆脱传统行业中消息闭塞、流通受限制、农民分散经营、服务体系滞后等难点，使现代农业坐上互联网的快车，实现我国农业集体经济规模经营。

“互联网+农业”是一种生产方式、产业模式与经营手段的创新，通过便利化、实时化、物联化、智能化等手段，对农业的生产、经营、管理、服务等农业产业链环节产生了深远影响，为农业现代化发展提供了新动力。以“互联网+农业”为驱动，有助于发展智慧农业、精细农业、高效农业、绿色农业，提高农业质量效益和竞争力，其根本目标是实现由传统农业向现代农业转型。

二 农产品电子商务的类型

农产品电子商务的类型主要包括：

(一)涉农企业与消费者之间的电子商务(B2C)

这是消费者利用互联网直接参与经济活动的形式，即涉农企业通过网络直接销售产品或服务给个人消费者。厂商直接将产品或服务发布在网络，并提供充足信息与便利的接口吸引消费者选购，这也是最常见的农产品电子商务的类型。

(二)涉农企业之间的电子商务(B2B)

这是指以企业为主体,在企业之间进行的电子商务活动。B2B电子商务是电子商务的主流,也是企业面临激烈的市场竞争、改善竞争条件、建立竞争优势的主要方法。在B2B模式下,涉农企业可以使用互联网为每笔交易寻找最佳合作伙伴,完成从订购到结算的全部交易行为。B2B电子商务将会为企业带来更低的价格、更高的生产率和更低的劳动成本及更多的商业机会。B2B的交易金额占整体电子商务市场份额的85%左右。

(三)消费者与消费者之间的电子商务(C2C)

这是指消费者与消费者之间的互动交易行为,这种交易方式是多变的。例如消费者可同在某一C2C商务平台中,共同在线上出价而由价高者得标,或由消费者自行在商务平台上张贴布告以出售二手货品或新品,诸如此类因消费者间的互动而完成的交易,就是C2C交易。

C2C商务平台就是通过为买卖双方提供一个在线交易平台,使卖方可以主动提供商品上网拍卖,而买方可以自行选择商品进行竞价。

(四)消费者与政府之间的电子商务(G2C)

这是指政府通过网络对农民提供相应的服务,该模式涵盖政府与农民间的各项事务。G2C所包含的内容十分广泛,主要的应用包括公众信息服务、电子身份认证、电子税务、电子社会保障服务、电子民主管理、电子医疗服务、电子就业服务、电子教育、培训服务、电子交通管理等。其目的在于由政府给公众提供更加方便、快捷、高质量的服务。

三 农业物联网的定义

农业物联网,即通过各种仪器仪表实时显示或作为自动控制的参变量参与自动控制的物联网(IOT),可以为温室精准调控提供科学依据,达到增产、改善品质、调节生长周期、提高经济效益的目的。

在大棚控制系统中,运用物联网系统的温度传感器、湿度传感器、pH传感器、光照度传感器、二氧化碳传感器等设备,检测环境中的温度、相对湿度、pH、光照强度、土壤养分、二氧化碳浓度等物理量参数,保证农作物有一个良好的、适宜的生长环境。远程控制的实现使技术人员在办公室就能对多个大棚的环境进行监测控制,采用无线网络来测量获得农作物生长的最佳条件。

农业物联网是将大量的传感器节点构成监控网络,通过各种传感器采集信息,以帮助农民及时发现问题,并且准确地确定发生问题的位置,这样农业将逐渐地从以人力为中心、依赖于孤立机械的生产模式转向以信息和软件为中心的生产模式,从而大量使用各种自动化、智能化、远程控制的生产设备。

随着世界各国政府对物联网行业的政策倾斜和企业的大力支持和投入,物联网产业发展迅猛,可以预见的是,越来越多的行业领域以及技术、应用会和物联网产生交叉,向物联网方向转变优化已经成为时代的发展方向。

物联网被世界公认为是继计算机、互联网与移动通信网之后的世界信息产业第三次浪潮。它是以感知为前提,实现人与人、人与物、物与物全面互联的网络。在这背后,则是在物体上植入各种微型芯片,用这些传感器获取物理世界的各种信息,再通过局部的无线网络、互联网、移动通信网等各种通信网络交互传递,从而实现对世界的感知。

四 农业物联网的工作方法

(一)实时监测

通过传感设备实时采集温室(大棚)内的空气温度、空气湿度、二氧化碳、光照、土壤水分、土壤温度、棚外温度与风速等数据,将数据通过移动通信网络传输给服务管理平台,服务管理平台对数据进行分析处理。

(二)远程控制

条件较好的大棚安装有电动卷帘、排风机、电动灌溉系统等机电设备,可实现远程控制。农户可通过手机或电脑登录系统,控制温室内的卷帘机、排风机、水阀的开关;也可设定好控制逻辑,系统会根据内外情况自动开启或关闭卷帘机、排风机、水阀等大棚机电设备。

(三)查询

农户使用手机或电脑登录系统后,可以实时查询温室(大棚)内的各项环境参数、历史温湿度曲线、历史机电设备操作记录、历史照片等信息;登录系统后,还可以查询当地的农业政策、市场行情、供求信息、专家通告等,实现有针对性的综合信息服务。

(四)警告

需预先设定适合条件的上限值和下限值,设定值可根据农作物种类、生长周期和季节的变化进行修改。当某个数据超出限值时,系统立即将警告信息发送给相应的农户,提示农户及时采取措施。

五 农业物联网的发展现状分析

目前,安徽省农业物联网的典型应用场景包括大田物联网、畜牧物联网、茶叶物联网、种子物联网、水产物联网等方面。

（一）大田物联网

该物联网致力于建设基于网络的数字化监控系统，该系统充分利用农场现有网络和监控，采用网络高清摄像机、网络红外摄像机、网络存储视频设备，为用户提供一套多层结构的网络监控体系，主要包括大田土壤墒情感知、种子仓库环境感知、土壤肥力感知、农场信息管理等模块。

（二）畜牧物联网

在牲畜出生的时候，在牲畜的身上安装RFID标签（如做成耳标或脚环），此后饲养员用一个手持设备，不断地采集或存储它成长过程中的信息，从源头上对生产安全进行控制，同时记录牲畜在各个时期的防疫记录、疾病信息及养殖过程关键信息。在牲畜屠宰前，首先要通过手持机读取RFID标签，确认牲畜无疾病后，牲畜才能出栏。

（三）茶叶物联网

其目标是建设农业企业级信息化系统，实现对茶叶从种植、加工、包装、仓储到销售的监控与管理，同时规范各个生产环节。通过产品包装上的二维码标签，建立从种植、采摘、加工、包装、仓储、销售到顾客的溯源体系。

（四）种子物联网

安徽省种子物联网平台是一个“1+5”的信息体系，即1个平台+5个子系统，包括种子物联网平台、种子信息溯源系统、种子信息监管系统、种子信息流通系统、企业商城、手机APP客户端。其中，种子物联网平台提供多种类型的数据接入和查询方式，而种子信息溯源系统是种子物联网平台的核心子系统，应用农作物种子身份证概念并付诸实施，关联种子的百科知识、生产信息、销售信息、防伪信息，从而增强种子防伪的科学性，提高种子防伪的标准化水平。

(五)水产物联网

该物联网可用于监测水温、pH、温湿度、溶解氧等因子,对水池增氧、饲料投喂等实行智能控制,能够在获取大量技术参数的同时,有效防止水池缺氧,减轻管理强度,节约电费。其主要做法包括前端数据采集、网络传输、监控展示、智能控制、人工校对等。

第四节 农耕文化的传承与发展

一 农耕文化的含义

农耕文化有狭义和广义之分,狭义的农耕文化是指种植业文化,指以耕作农业为主的生产和生活环境中形成的文化体系,不包括林牧副渔等行业的文化。广义的农耕文化指在农业生产和农村生活领域,由人们创造并保存下来的各种非物质化的知识、技术、民俗艺术、思想观念以及其他各类物质文化资源的综合。

农耕文化是建立在传统的自给自足经济基础上的文化形态,它所反映的思想意识、思维方式和价值观念是其本质内容。学者彭金山将农耕文化的本质内涵概括为“应时、取宜、守则、和谐”八个大字。

“应时”指的是要顺应时间与节气等自然节律开展农业生产。“不违农时”成为世代农民开展生产活动的重要原则。人们依照二十四节气开展农业生产,体现前人对自然规律的尊重。

“取宜”即适合、适宜,种植作物要因地制宜,畜养畜禽要因物制宜,反映出先人在农业生产实践中的能动作用。

“守则”指的是对于准则、规范和秩序的遵守,这些准则、规范和秩序是用以协调人与自然关系，以及人类社会上下左右关系的系统性法则，体现了先人在长期农业生产和生活实践中形成的道德观与价值观。

“和谐”是农耕文化的核心理念，应时、取宜、守则，归结为一点就是在天、地、人之间建立和谐共生的关系。

农耕文化曾经涵盖了中国社会的方方面面，是中华优秀传统文化的主干成分，是中华五千年文明的根基，也是构建中华民族核心价值观的重要精神文化资源。

二 中国农耕文化的类型

农耕文化大致分为十类，分别是农业物种、农业聚落、农业景观、农业技术、农业特产、农业民俗、农业遗址、农业工程、农业工具、农业文献。十类中，既有物质层面的文化，也有非物质层面的文化；既有传承至今的活态文化，也有遗存的静态文化。农作物、农具属于物质层面的农耕文化。非物质层面的农耕文化有耕作制度、生产方式、民俗，“日出而作，日落而息”的生活方式也是农耕文化的产物。

农业物种是指人类在长期农业生产实践中驯化和培育的动物和植物（作物）种类，主要以地方品种的形式存在，又可细分为作物类物种和畜禽类物种。

农业聚落是指以农业生产为主要经济活动的村落，包括种植业村、牧业村、渔业村、林果业村、狩猎业村、副业村等形式。

农业景观是指在农业生产活动过程中形成的具有农业特征的景观，如耕地、林地、乡村道路及农业服务设施，分为农业生态景观和农业文化景观。农业生态景观是由森林、草原、农田、河流、湖泊等各类型生态系统组成的独特景观，农业文化景观则包括聚落、街道、建筑、人物、服饰、交通工具、栽培植物与养殖动物等。皖南古村落的水口林等即属于景观类农耕文化。

农业技术指的是农业生产者在传统农业时期发明并运用的各种耕作制度、土地制度、种植和养殖方法与技术，包括土地利用技术、土壤耕作技术、栽培管理技术、防虫减灾技术、生态优化技术、畜牧养殖兽医渔业技术等。

农业特产指的是历史上形成的某地特有的或特别著名的植物、动物、微生物产品及其加工品，有独特的文化内涵和历史。

农业民俗指一个民族或区域在长期的农业发展中创造、享用和传承的生产生活风尚，包括关于农业生产和生活的仪式、祭祀、表演、信仰和禁忌等。二十四节气是农耕文化的产物，其中的清明既是节气，也是节日。

农业遗址指那些已经退出农业生产领域的早期人类农业生产和生活遗迹，这些遗产包括遗址本身，以及遗址中发掘出的各种农业生产工具遗存、生活用具遗存、农作物和家畜遗存等。比如安徽含山出土的凌家滩遗址。

农业工程指的是为了提高农业生产力和改善农村生活环境修建的古代设施。寿县安丰塘(芍陂)排灌系统属于工程类农耕文化。

农业工具指的是在传统农业生产中使用的生产工具，包括整地、播种、中耕、积肥、施肥、收获等工具。

农业文献指的是古代流传下来的各种版本的农书和有关农业的文献资料。农业文献属于静态的农业文化遗产。

三 农耕文化的保护

(一)文物标本式保护

文物标本式保护就是将那些固化的遗产置于特定的室内环境中以

标本形式进行保存与展示。此法适用于固态的农业遗址及文物、价值较高的农业工具等，侧重保护其历史价值和科技价值。比如设农业博物馆。

（二）文献资料式保护

此法就是通过搜集、抄录、整理、辑佚、数字化等措施，将有关的文字、图像信息及载体有效地保存下来，其载体包括纸张、光盘、硬盘等多种存储介质，主要适用于农业文献，保护其历史价值和科技价值。

（三）音像资料式保护

此法主要通过录音、录像、建音像资料库等手段对活态的农耕文化遗产进行记录、保存和展示，适用于活态的农业技术、农业民俗，侧重保护其科技价值和文化价值。

（四）数字化保护

此法就是将现代信息技术、计算机技术运用于对农耕文化资源的保护上，建立资源网络平台，方便查询，促进文化传播，适用于各类农耕文化形式，同时也可将上述三法所收集的资料纳入其中，侧重保护其科技价值和文化价值。

除了上述保存、展示方法，还有开发式保护，即在发展中保护。

第三章 计划制订

第一节 信息搜索与环境分析

一 农业信息的采集方法

农业信息的采集是指农业生产经营者根据一定的目的，通过各种不同的方式搜寻并占有各类涉农信息的过程。

信息的采集是农业信息管理工作的第一步，是做好信息管理工作的基础与前提，信息采集工作的好坏将直接决定信息管理工作的成败。

衡量信息采集工作质量的唯一标准是所采集的信息是否对农业生产经营者有用。为此，必须做好以下各项工作。

(1)明确采集的目的。信息的采集具有目的性，漫无目的的信息采集活动将会使工作陷入混乱。明确的目的便于农业生产经营者了解自身需要什么样的信息，从而有针对性地、有选择性地采集信息。

(2)界定采集的范围。采集范围与以下三个问题有关：①需要什么样的信息；②用多长时间采集这些信息；③从哪里采集这些信息。

(3)选择信息源。根据信息载体的不同，可将信息源划分为四大类：①文献信息源，包括图书报刊、专利文献、标准文献、会议文献、产品样本、学位论文、档案文献、公文、报表等；②口头信息源，包括电话、交谈、咨询、调查等；③电子信息源，包括广播、电视、数据库、互联网、局域网等；④实物信息源，包括展销会、博览会、销售地点、公共场所以及事件发生发展的现场等。

二 农业信息的加工方法

农业信息的加工是指对采集来的通常显得杂乱无章的大量农业信息进行鉴别和筛选，使之条理化、规范化、准确化的过程。加工过程一般由以下步骤组成。

（1）鉴别。它是指确认信息可靠性的活动。鉴别的方法主要有：①查证法。查证法是指通过查找、阅读相关文献来验证信息是否可靠的方法。②比较法。比较法是指通过比较来自不同渠道的同类信息来验证信息的可靠程度的方法。③佐证法。佐证法是指通过寻找物证、人证来验证信息的可靠程度的方法。④逻辑法。逻辑法是指通过对信息的内容进行逻辑分析，以判别是否存在前后矛盾、夸大其词、违背情理等现象的方法。

（2）筛选。它是指在鉴别的基础上，对采集来的信息进行取舍的活动。

（3）排序。它是指对筛选后的信息进行归类整理，按照某一特征对信息进行等级、层次的划分的活动。

（4）激活。它是指对排序后的信息进行开发、分析和转换，实现信息的活化以便使用的活动。

（5）编写。它是信息加工过程的产出环节，指对加工后的信息进行编写，便于人们认识的活动。

三 农业信息的传播与检索方法

由于农业生产的时效性很强，因此农业信息的传播也要做到尽量及时。在传播过程中经过的层次或渠道也要尽可能地少一些，否则会导致信息的失真。农业信息管理人员要提升自己的工作能力，若办事过于拖沓，则辛苦收集的信息会大量积压，最终失去其时效性。

最常见的检索农业信息的方法是借助于各种搜索引擎。在使用搜索引擎时，通常输入相应的关键词，中间以空格隔开，如“安徽 化肥 价格”，尽量避免使用自然语言，如“请问安徽省近年来化肥的价格趋势如何？”

部分因素会阻碍农业信息的传播，如语言不通、学科专业知识过难、技术更新速度过快、当地经济条件较差等。

四 农业信息的利用方法

农业信息的利用是指有意识地运用存储的信息去解决农业生产经营中具体问题的过程，它是农业信息采集、加工、存储和传播的最终目的。农业信息的利用程度与效果是衡量涉农组织信息管理水平的重要尺度。

（一）为了更好地利用信息，应努力做到以下几方面

1.善于开发信息

信息开发包括外延式开发和内涵式开发。外延式开发是指对信息源和信息渠道的开拓与发掘，以便获取更多的信息；内涵式开发是指对已经掌握的信息进行深度加工、重组、激活，以产生新的信息或更具有价值的信息。只有开发出更多、更好的信息，信息管理工作才能上一个新台阶。

2.为信息价值的充分发挥提供组织上的保证

信息被正确地传递到正确的人手中并被正确地使用，需要经过多道环节，并消耗一定的资源。这意味着管理者应该在组织结构设计、资源分配、人员安排等方面为信息的利用创造条件。

3. 用发展的眼光看待信息的价值

应学会用发展的眼光看待信息的价值，应认识到一些信息可能随着时间的推移和事物本身的变化而变得不再有用，而另一些信息则可能随着客观形势的发展而变得更有价值。

(二)为了更好地利用信息，应尽力避免以下现象的发生

1. 信息孤岛

由于部门利益的存在或技术上的原因，涉农组织中的信息有时不能被共享，出现信息孤岛。信息孤岛的存在会造成组织资源的浪费。

2. 信息过载

在信息爆炸的年代，一些工作人员在日常的工作中可能被大量的信息困扰，感到无所适从。为了避免这种现象，管理者应鼓励下属提供精练的信息。

五 环境分析的定义

环境分析是为企业战略决策和选择服务的。环境分析的内容是“天、地、彼、己”和顾客(目标市场)，其目的是知天知地、知彼知己、知顾客。就企业环境分析而言，“天”指外部一般环境，主要包括政治环境、社会文化环境、经济环境、技术环境和自然环境；“地”指企业竞争所处的行业环境，主要分析行业竞争结构；“彼”指企业竞争对手；“己”指企业自身条件；“顾客”指企业为之提供产品或服务的消费者。“知天知地”就是认识企业所面临的利与危、机遇与挑战，“知彼知己”就是了解企业的长处与短处、实力与不足。涉农企业的产品或服务必须能为顾客创造价值，与顾客的需求相匹配，扬长避短，趋利避害，才能创造价值和获取顾客。

第二节 问卷设计、调查与调查数据整理

一 问卷定义

问卷是根据调查目的与要求，设计出来的搜集信息的各类问题、答案与说明的集合，是搜集原始资料最重要的工具。

二 问卷结构

问卷一般分为说明词（问候信）、问题与答案、调查对象背景资料。调查问题一般分为三类，即开放式问题、封闭式问题、半开半闭式问题。

三 封闭式问题设计

封闭式问题要求题干+固定的答案，访问对象只能在具体的答案中进行选择。封闭式问题便于统计与分析，适合在知晓答案的条件下使用。

四 开放式问题设计

开放式问题指只有题干，不设答案的问题。这类问题如此设计是因为不知道调查对象可能做出的回答，所以题目完全开放。

五 半开半闭式问题设计

半开半闭式问题同时拥有题干与答案，但最后一个答案往往设计为开放式，这样便于收集一些调查者意料之外的信息。半开半闭式问题适

合那些不完全确定答案的题目，对于信息收集帮助较大。而最后一项开放的题目也可以通过事后整理的方式加以统计分析。

第三节　供求价格预测与目标形成

一　供求预测

（一）供给定律

当价格上升时，供给增加，这就是最基本的供给定律。供给定律反映在坐标轴上就是一条向上延伸的曲线，表明随着价格增加，供给量相应增加。供给定律可以通过价格变化判断产品供给变化。如当某种农产品价格上升时，其下一年产品供给往往增加，对于市场需求较小或弹性较大的产品来说，更是如此。当然，也有一些产品供给弹性较小，价格上升时，其变化不太显著，如水果、生猪等，因为这些产品供给增长需要一个周期，往往会滞后2~5年。

（二）需求定律

需求定律是指当产品价格上升时，产品的需求会相应减少。对于绝大多数产品来说，当其价格上升时，其需求量就会相应下降，进而形成一条向下的曲线，称为需求曲线。因此，价格是平抑需求的一种有效手段。当然，也有少数炫耀性的产品不完全遵循该定律，如宝石，当其价格在一定范围内上升时，其需求量有可能会上升，而不是下降，就是因为其一定的炫耀价值。

（三）供给预测

对于农产品而言，供给预测的第一要素就是上一年农产品价格。如果去年农产品价格较高,且该类农产品生产弹性较大,则今年农产品供给肯定会扩大。第二要素是以气候为代表的自然条件。对于农业来说,价格只是决定了生产的供给意愿,但农产品生产在当今的技术条件下,仍然受自然环境制约,只有风调雨顺,农产品供给才能全面提升。第三要素是政府政策与宏观调控。我国政府对农业非常重视,而且给予的扶持力度相对较大,所以政府政策也会影响农产品供给。特别是一些大宗产品,更多受到政府政策影响,如生猪。而政府政策会将波动放大,所以会出现相对极端供求失衡。在政府的宏观调控中,特别应该注意的就是我国农产品国际贸易政策。随着我国经济的发展,越来越多劳动力进入工业领域,所以农业生产成本越来越高,我国多数农产品成本与价格已经远远高于国际农产品市场价格。当国内农产品供不应求时,政府会放开进口,这时国内的供给量会在短期内迅速增加。所以判断农产品供给变化,政府国际贸易政策必须作为核心因素之一。而当考虑国际贸易时,全球的农产品价格与自然气候变化情况也就是供给预测必须要考虑的因素了。

（四）需求预测

需求预测考虑的因素与供给预测差异较大。两者相同的是价格,根据需求定律,当价格上升时,需求会相对减少。所以,在考虑用价格判断需求时,第一因素是产品需求弹性,毕竟有一些农产品需求弹性较小,当价格变化时需求量变化不大。正因为如此,这些产品波动幅度较大,如生姜,因为价格波动幅度巨大,被戏称为“姜你军”。需求预测的第二因素是人口数量、经济水平与当地文化。任何一个市场,其需求决定因素是文化,文化决定了一个区域的消费需求。如春节,各类产品的需求量都较大,因为春节是中国人消费的季节,这是由文化决定的。文化决定了消费欲望,而人口数量与经济水平则决定需求的具体水平。当人口越多，且人均收入越高时，当地的需求就越高。最后，需求预测的第三因素是政府的宏观管理与一些特殊的自我强化机制。对于需求而言，除上述因素之外，还有政府的宏观管理。如优质农产品需求，原本是作为一种礼品消费的，而政府对相关消费进行限制后，其需求量迅速减少。而某些自我强化机制对需求也有非常大的影响，如投机力量也会形成一种强大的需求。荷兰历史上的郁金香泡沫就是由投机导致。这些需求是短期的，但影响力巨大，在进行需求预测时必须加以考虑。

二 价格形成与预测

(一)价格定义与作用

价格是指产品交易时用货币表达的单位价值。价格一般用货币标注，是市场交易的结果，也是调节市场供求的最核心信息。我国现在是市场经济体制，之所以强调价格，就是因为价格包含了供求信息，可以较好地调节生产与消费。

(二)价格形成

在一定的客观条件下，需求曲线与供给曲线相交点所指的价格即为均衡价格，所对应需求量就是市场均衡供求量，此时供给与需求相对。价格由无数的需求方与无数的供给方相互试探、综合而成。价格随着客观条件的变化而变化，所以均衡价格随着条件变化而变化。相同的产品在不同的国家、不同的城市，都会有所不同。

农产品价格因为供求弹性不同，往往会形成收敛、波动、发散三种情况。虽然没有绝对相同的情况出现，但类似的情况较为常见。

三 目标形成与计划制订

（一）通过环境分析确定目标

对于一个企业来说，能适应环境是其生存与发展的前提。所以企业目标有时候不是自己确定的，而是环境确定的。企业达到目标，才能生存下去，否则便会被淘汰。通过环境扫描，就可以得到环境发展趋势，再根据竞争对手情况确定自己的目标。这是通过分析外部环境确定目标的基本思路。在现实市场交易中，企业目标一般来说就是满足顾客需求或者超过竞争对手。

（二）通过现有基础确定目标

对于完全可以适应环境的企业来说，其目标并非由环境决定，而是由企业的发展惯性与努力程度决定。对于一个处于垄断地位的企业来说，其未来发展目标更多是由其发展惯性决定。对于一个具有发展潜力与活力的企业来说，其个体的努力程度往往决定了其发展目标。如许多企业会根据国家GDP（国内生产总值）增速确定企业发展目标，一般都按照略高于国家经济平均增速的要求设定目标。

（三）计划制订

计划工作是全部管理工作中最基本的一项工作，它与其他工作有密切的联系。因为计划工作既包括选定组织和部门的目标，又包括实现这些目标的途径。主管人员围绕着计划规定的目标，去从事组织工作、人员配备、指导与领导以及控制工作等活动，以达到预定的目标。为使组织中各种活动能够有节奏地进行，必须有严密的统一的计划。从提高组织的经济效益来说，计划工作是十分重要的。计划工作的任务，就是根据社会的需要以及组织的自身能力，确定一定时期内的奋斗目标；通过计划的编制、执行和检查，协调和合理编排组织中各方面的经营和管理活动,有效地利用组织的人力、物力和财力资源,取得最佳的经济效益和社会效益。

计划工作的任务和内容概括为五个方面,即做什么?为什么做?何时做?何地做?谁去做?计划的制订流程,包括明确工作内容,明确措施和策略,明确负责人,明确完成时限。农业经济组织的工作计划,按照部门进行分类,主要包括生产计划、采购计划、销售计划、招聘计划等。每种计划都要详细规定部门和个人的工作内容、完成时间和工作措施。计划是实现目标的支持系统。如果上级为下级制订的计划越完备,则集权化倾向越明显。

在管理的基本职能中,属于首位的是计划,计划职能的主要作用是确定目标以及确定实现目标的手段,计划职能的主要任务是要确定组织目标以及实现目标的途径。因此,组织需要计划,周计划是以周为单位,可以让工作有条理性。综合考虑农业经济组织的状况,制订出符合个人或组织实际的具体周计划。

资料收集与评价方法。收集评估资料的方法包括:利用档案记录进行评估;收集服务对象对介入过程和结果的意见与看法;使用调查方法,收集介入效果的数据和事实资料。在评估中,信息资料收集方法主要有三种:测验、调查和观察。测验适宜于收集认知类目标的资料;调查适宜于收集情感类目标的资料;观察适宜于收集技能类目标的资料,常在学习成绩评估中应用。通过书面材料来了解情况、搜集资料的评价方法称为文献资料法。定量评价强调数量计算,它具有客观化、标准化、精确化、量化、简便化等鲜明的特征。文案调研法获取资料的途径有内部资料来源、外部资料来源和互联网资料。整理资料的程序包括设计整理方案,审核调研资料,调研资料分组,统计汇总和资料显示。审核调研资料的内容包括审核资料的真实性、完整性、准确性和时效性。

第四章 组织管理

第一节 农业企业核心生产要素组织

组织管理是指通过建立组织结构,规定职务或职位,明确责权关系等,以有效实现组织目标的过程。组织管理的具体内容是设计、建立并保持一种组织结构。农业经济组织管理是在农业经济组织中建立健全管理机构,合理配备人员,制定各项规章制度等工作的总称。具体地说,就是为了有效地配置农业经济组织内部的有限资源,为了实现一定的共同目标而按照一定的规则和程序构成的一种责权结构安排和人事安排,其目的在于确保以最高的效率,实现组织目标。农业经济组织工作主要涉及四个要素:土地、人工、资金和管理。组织管理意味着计划执行和控制,农业经济管理的技巧则决定了土地、人工、资金等是否得到合理利用,内容涉及农业经济组织的资金财务计划、人员招聘培训、土地流转培训以及计划的执行监督管理。

一 撰写资金财务计划方案

组织财务指企业在生产过程中的价值运动,它常常表现为组织资金的获得、使用、耗费、分配等一系列活动。它的实质是在生产过程中资金运动所体现的组织与各方面的经济关系。

农业经济组织财务工作应从以下几个方面做好资金管理工作：

(一)核定资金的合理需要量

组织应以需要与节约兼顾为基本原则，采用先进合理的计算方法，确定资金的合理需要量。资金的合理需要量，可以通过现金预算的编制来实现。销售预算是年度预算编制的关键和起点。产品成本预算，是生产预算、直接材料预算、直接人工预算、制造费用预算的汇总。其主要内容是产品的单位成本和总成本。生产预算是直接材料预算的主要编制基础，销售费用预算应与销售预算相配合。

(二)确定筹资方案

资金需要量确定后，就要确定如何来筹集所需资金。筹资方案可通过下列途径确定：从企业内部看，组织销售时尽量采用现金销售或采用先收款后发货方式，尽量缩短应收款账期，及时催收账款；按订货量组织生产，合理安排原材料、辅料和生产工人配置；尽快处理积压物资，及时处理闲置、过时、未使用的固定资产；节约成本就是增加收益。组织筹措新资金的综合资金成本按目标价值计算，最佳资本结构的判断标准为企业价值最大，加权平均资本成本最低。此外，当组织的固定成本在总成本中占有较大比重时，企业应保持较低的债务资本比例。

(三)建立资金投入效益的保证机制，抓好资金的源头管理

财务部门要主动研究市场，自觉参与投资项目的测算、论证；考虑货币时间价值和风险价值，准确比较项目的投资回报率和筹资成本率，把好项目的财务预算关；在充分考虑偿债能力的前提下，设法筹足项目建设资金。跟踪考核项目的资金使用效果，建立项目决策负责制。

(四)建立优化资金结构的约束机制，抓好资金的结构管理

财务部门必须运用财务测算方法确定最佳购存点上的资金结构，加大财务部门对资金运筹的调控力度，按风险类别划分客户，建立客户信

用风险财务分析制度，监督销售责任制的实施；财务部门还要经常“会诊”资金运转偏差，适时实施战略性的资金结构调整。

(五)建立活而不乱的资金循环机制，抓好资金的流程管理

为了保证资金“满负荷”高速运转，财务部门要对组织的资金统一管理，集中调度，有偿使用。

(六)建立资金补偿积累机制，抓好组织资金的后续管理

财务部门要监控资金的分流，防止过多资金分流到工资福利、非生产投资等方面；组织要合理制定税后利润分配政策，尽可能用于扩大再生产，促进自我滚动发展；财务部门要认真实施资本金保全制度，监督管理好资本金。

采购管理。采购的作用表现在保障生产经营，提高产品质量和降低生产成本，获取市场信息和促进科学管理。常见的采购方式有集中采购、分散采购、直接采购、间接采购以及网上采购。采购时遵循的原则包括适质、适量、适价、适地和适时。在实际采购中，各项进货均由总仓验收人员按收货凭证进行验收，每次到货须有两人同时验收，根据收货凭证、发票核对货物的品名、规格、质量、价格、数量、金额是否一致，货物验收合格后，即开出验收入库单并签字盖章。采购部根据审批手续齐全的采购申请单实施采购，采购回来的物品必须由采购部、使用部门、总仓人员同时验收，对不符合要求的一律予以拒收并退回。凡经批准的各类申购计划、申购单、订货单、合同复印件等由采购部有关人员根据不同时间交总仓验收人员作为收货凭证。无任何收货凭证的货物，验收员有权拒收。供应商为一般纳税人，可自行开具增值税专用发票。

库存管理。库存的作用包括能够实现规模经济，平衡供应与需求，平衡流通资金的占用，平衡农业经济组织的物流。库存的弊端是占用农业经济组织大量的资金，增加组织的产品成本与管理成本，掩盖组织众多的管理问题。入库后的物资进入储存保管阶段，这一阶段需要做好物资的储存工作，定期对物资进行盘点，将物资库存成本压至最低。仓储安全管理包括仓库的保卫和警卫工作、仓库的消防工作和仓库的安全作业。库存管理一般都会有仓库主管、仓库保管员和仓库统计员。最优库存控制法就是一种寻求平衡的库存控制方法。最优库存控制法力求在满足生产需要和经济实惠之间达到平衡。确定最优订货批量就是经济订货批量。经济订货批量是指订货费用和保管费用的和达到最小。平均库存量和每年订货次数成反比。

二 制定人员招聘培训方案

人力资源规划的基础是组织战略目标。人力资源需求预测是组织人力资源战略和规划的核心内容，是制订人力资源计划、进行人力资源开发管理的基础。人员招聘是企业为了弥补岗位空缺而进行的一系列人力资源管理活动的总称。它是人力资源管理的首要环节，是实现人力资源管理有效性的重要保证。人员招聘是组织及时寻找、吸引并鼓励符合要求的人到本组织中任职和工作的过程，是组织运作中一个重要环节。通常有内部招聘和外部招聘两种途径，两种方式各有优势和劣势。人员招聘要按照一定的程序并遵循必要的原则进行。人员的招聘是人员配备中最关键的一个步骤。组织实行人员外部招聘可以通过以下途径进行：广告、就业服务机构、猎头公司、大中专院校和各类职业技工学校推荐和自荐。相对于内部招聘而言，外部招聘有利于招聘到高质量人才。组织在进行外部人力资源供给预测时，应侧重于关键人员。人员配置是企业为了实现生产经营的目标，采用科学的方法，根据岗得其人、人得其位、适材适所的原则，实现人力资源与其他物力、财力资源的有效结合而进行的一系列管理活动的总称。“金无足赤，人无完人”体现在人员甄选的原则上是用人所长原则。

团队建设是指为了实现团队绩效及产出最大化而进行的一系列结构设计及人员激励等团队优化行为。一般高效团队建设采用5W1H方法，即Who（我们是谁）、Where（我们在哪里）、What（我们成为什么）、When（我们什么时候行动）、Why（我们为什么）、How（我们怎样行动）。通过回答这几个方面的问题来建立高效团队。团队精神核心是协同合作，反映的是个体利益和整体利益的统一，进而保证组织的高效率运转。团队建设方法包括建立有效的沟通机制，营造相互信任的组织氛围等。

学习型组织理论是一种企业组织理论。学习型组织是一种有机的、高度柔性的、扁平化的、符合人性的、能持续发展的、具有持续学习能力的组织。传统的企业组织结构通常是金字塔式的，学习型组织的组织结构则是扁平的，即从最上面的决策层到最下面的操作层，中间相隔层次极少。这样的体制保证了上下级的不断沟通，保证了下层能直接理解上层的决策思想和工作要求，上层也能亲自了解下层的动态，掌握第一线的情况，从而使企业内部形成互相理解、互相学习、整体互动思考、协调合作的群体，产生巨大的、持久的创造力。

组织设计方面。传统组织结构设计是建立在劳动分工基础上的。组织结构的特性包括复杂性、规范性和集权性。组织设计涉及的工作内容有横向的管理部门设计和纵向的管理层级设计。组织设计的任务是提供组织结构系统图和编制职务说明书。伴随企业规模的扩大，规范的组织结构设计是保证企业管理有效地服务于企业经营目标的前提，而管理层次存在的主要原因是管理幅度的存在。

三 撰写土地流转方案

土地流转是指土地使用权流转。土地使用权流转是指拥有土地承包经营权的农户将土地经营权（使用权）转让给其他农户或经济组织，即保留承包权，转让使用权。三权指的是农村集体所有的土地的所有权、承包权、经营权三种物权。“三权分置”下，所有权、承包权和经营权既存在整体效用，又有各自功能。从当前实际出发，实施“三权分置”的重点是放活经营权，核心要义就是明确赋予经营权应有的法律地位和权能，是继家庭联产承包责任制后农村改革的又一重大制度创新。

2004年，国务院印发《国务院关于深化改革严格土地管理的决定》，明确了关于“农民集体所有建设用地使用权可以依法流转”的规定；2014年，中共中央办公厅和国务院办公厅印发《关于引导农村土地经营权有序流转发展农业适度规模经营的意见》，要求大力发展土地流转和适度规模经营，5年内完成承包经营权确权。第十三届全国人大常委会第十二次会议审议通过了关于修改《中华人民共和国土地管理法》的决定，新修订的《中华人民共和国土地管理法》自2020年1月1日起施行。

在土地承包经营期限内，对个别承包经营者之间承包的土地进行适当的调整，必须有村民会议2/3以上成员或者2/3以上村民代表同意，并报县级人民政府农业行政主管部门批准。土地流转合同一式5份，经乡镇（街道）土地流转交易服务中心登记后正式生效。本集体经济组织以外的单位和个人承包经营土地，必须有村民会议2/3以上成员或者2/3以上村民代表同意，并报乡（镇）人民政府同意。开发未确定使用权的国有荒山、荒地从事种植养殖的，经县级以上人民政府依法批准，可以确定给开发单位或个人长期使用。承包经营地的单位或者个人连续2年弃耕抛荒的，原发包单位应当终止承包合同，收回发包的耕地。在流转土地过程中，需要注意保护生态环境，严格遵守土地的用途，依法签订流转合同，写清楚特殊规定。基本农田不可以发展林果业和挖塘养鱼。和土地流转不同，农业生产托管不改变土地承包关系，不转移土地承包经营权，也不存在土地流转成本。

农业生产基地的选择与建设。农业生产基地建设内容具体有基地建设、基地规划、基础设施和基础产业。农业生产基地建设模式具体包括龙头企业带动型、市场带动型、合作经济组织带动型和政府带动型。农业生产基地综合评价的保障措施具体是技术保障、资金保障、经营保障和管理保障。农业生产基地选择原则包括禀赋优先原则、市场导向原则、经济效益原则、特色性原则和可持续发展原则。农业生产基地的选择要考虑很多因素，如水、交通、气候、土壤、人文、经济环境等。在实际中，水产品养殖的基本条件包括排水方便，交通便利，电力配套完善，无污染，生态环境良好，不能离水源太远，不能选择洼地。绿色食品标准化生产基地建设要求要有符合绿色食品标准化生产基地建设的人员、资金、物资、制度等；要熟悉绿色食品标准化生产基地的申请流程，按照要求进行申请与建设；要加强绿色食品标准化生产基地的技术管理、计划管理、制度管理和人员管理；要建设农产品质量安全检测室、道路、配套房屋等基础设施；要按照相关要求开展农产品日常检测工作，做好相关台账管理。

四 制定计划执行监督管理方案

生产流程方面。农业经济组织要制订详细的年度销售计划，以销定产，以产促销，农业经济组织管理的关键是做好生产计划管理，开展农业生产之前需要做好风险评估，科学先进的生产技术是农业生产的保障。农业经济组织要做好土地保护性生产工作，科学开展土地耕作，实现种养结合，要做到施肥养地，优化土壤结构，科学轮作，保护土壤结构，定期休耕，减少养分消耗，恢复地力。农业经济主导项目选择要从资源与市场的耦合度、经济效益、风险性和灵活性方面去分析。农业生产计划要按照组织年度主导项目实施方案确定的农业生产模式、生产规模和生产方式进行编制。如果方案有变动，要按照实际情况进行调整。农业生产流程开发过程中，降低风险损失，需要考虑建立风险预警机制，并购买农业保险。种植业生产一般涉及整地、播种、田间管理、采收等方面的生产技术。种植业生产计划主要有物资准备计划、农业生产计划、农产品收储和农产品销售计划。

绩效评估标准方面。绩效评估标准是表明按什么尺度对工作的哪些方面进行评估，绩效标准是公开的，是可以衡量的和可实现的。符合绩效评估原则的有公平的原则、严格的原则、奖惩结合的原则和客观评估的原则。绩效评估应建立在客观事实基础上，避免主观性和感情色彩，这一原则主要体现了绩效评估的客观原则要求。收集评估信息的方法一般有观察法、工作记录法、他人反馈法和面谈法等。实际上，“工作效率”的指标主要是针对行为方式的考核。依据绩效评估的结果确定员工的薪酬。

农业经济组织将各项经营活动纳入统一计划进行管理。组织计划管理的内容包括：根据有关指令和信息组织有关人员编制各种计划；协助和督促执行单位落实计划任务，组织实施，保证计划的完成；利用各种生产统计信息和其他方法检查计划执行情况，并对计划完成情况进行考核，据此评定生产经营成果；在计划执行过程中环境条件发生变化时，及时对原计划进行调整，使计划仍具有指导和组织生产经营活动的作用。组织通过把控计划的制订、执行、检查、调整的全过程，便能合理地利用人力、物力和财力等资源，有效地协调企业内外各方面的生产经营活动，提高效益。计划管理是组织经营活动的基础性工作之一，其关键性、重要性正逐渐引起企业员工的高度关注，这必将带来企业经营效益和效率的极大提升，为企业的可持续发展奠定良好的基础。

计划管理的对象是各类单项计划、综合性计划、年度计划和周计划等，无论何种计划都具备“执行期”这一共同点，只是“执行期”长短不同。因此，计划管理必须遵循体系化原则，即对“计划”的全过程管理实施体系化控制，按照计划类别、项目和具体工作内容，分门别类地实施管理。将管理要素按目标的要求结合成一个整体，体现了管理的组织职能。粗略划分，管理有计划、组织、领导、控制职能。计划管理中，计划的编制是基础，审计是手段，执行是保障，考评是结论。组织要想不断提高经营效益和效率，首先要确保计划管理水平的不断提高。管理的计划职能的主要任务是要确定组织目标以及实现目标的途径。基层管理人员必须具备技术技能、人事技能、概念技能。没有计划和控制系统，就无法实现组织中的沟通，组织中的信息流就会中断。此外，在农业经济组织管理中，也会出现非正式组织，例如小团体。要正视小团体的客观存在，允许乃至鼓励其存在，并对其行为加以积极引导。

第二节　农业企业组织岗位设计

一　农民专业合作社岗位设计

农民专业合作社的机构一般包括社员大会、理事会（理事长、理事、总经理）、监事会（监事长、监事）、管理部门（部门经理与员工）。合作社岗位应根据业务类型与规模进行灵活设置。如果社员数量较多，可以设置社员代表大会。如果相关单位较多，理事会人数可以相应增加，并增加副理事长。对于业务较为简单的合作社，理事长可以直接兼任总经理，直接进行经营管理；对于业务比较复杂的合作社，可以聘请专业总经理，作为职业经理人参与经营管理。如果合作社规模较大，其生产、营销、财务可以设置独立的部门，并聘请专业人员进行管理，并可设置部门经理。除此之外，根据业务发展需要，应设置专业的财务与营销人员，保证业务规范地进行。

二 家庭农场岗位设计

家庭农场一般设立决策岗位（农场主）、营销岗位、生产岗位、服务岗位以及财务岗位，但不同规模的家庭农场岗位设置完全不同。规模较小的家庭农场往往只有农场主，其同时负责营销、财务、生产、经营等工作。规模较大的农场可以在内部进行分工，一般生产与技术设置一个岗位，主要负责种植、养殖等业务；营销、服务设置一个岗位，保证市场开拓、人员接待等业务；财务一般由农场主或服务人员负责，或聘请独立的财务人员，或将财务外包给会计师事务所或乡镇农经站。对于三产融合式农场，生产、加工、营销、服务、财务则都要设置岗位，并且人员要根据承担的具体任务进行一定程度上的兼任。

三 有限责任公司岗位设计

按照《中华人民共和国公司法》规定，有限责任公司岗位一般包括股东大会、董事会、监事会、总经理，以及各个部门经理等。除此之外，公司还要有党组织与工会，开展党的活动，贯彻党的指导思想，保护员工利益。公司具体部门要根据业务进行设立，一般包括加工、采购、销售、策划、财务等部门。对于三产融合式的公司，其业务部门会更多。董事会可根据规模与业务发展需要设置董事长。监事会一般不得少于3人，其中监事会主席1人，职工代表1人以上。

第三节　会务组织

一　会前的管理要点

会前管理是降低会议成本的前提，在会议成本观念没有建立起来之前，会议的成本很可能失控；特别是时间成本和损失成本，非常有可能居高不下或是大得惊人。

但是会议是必需的，它有着其他沟通方式不具备的优势，比如周例会，在总结和规划方面就很有效；而且各种会议都有它召开的合理时间和频率，这种时间和频率与会议的类型有关。

（一）会议的类型

1. 沟通型

这种会议最重要的功能在于交流信息、内部协调、得出结论等，比如部门协调会、头脑风暴就是这种类型的会议。在这种会议里，大家就是要把自己的观点、想法、信息说出来，会议气氛会相对轻松随意些；特别是头脑风暴，更是要让大家发散思维，甚至可以不需要得出结论。

2. 管理型

这种会议主要在对一些事务进行规范或是宣布政策和决定，典型的像阶段性工作分配会议等。这种会议就是要让大家明白一些事情或规定，不需要大家就会议的内容、事项做讨论，只需要按照上面的规定执行。

3. 决策性

这类会议主要是得出某些决定或方案，比如董事会、一些流程的制定会等。这种会议的主要目的是要针对某个或某些具体的问题达成一致，最后得出统一的结论，并要求大家按结论去行动。

（二）会议的主持者

参加会议的人员数量要控制合理，不能太多也不能太少；与会者能在正常的压力下畅所欲言、各抒己见。会议的主持者要心胸宽广，接纳各种意见，并给每个发言者以鼓励和赞扬；善于倾听和理解，不忽视各种看似微不足道的意见和看法；注意措辞，不要打击他人的积极性，特别是对此持有不同意见的人。每个与会者的风格、能力、经验、思维方式和看问题的角度都可能不一样，有可能形成理解的偏差或误解，甚至是冲突。这时候会议的主持者既要有积极正面的心态，又要善于利用各种技巧来保证会议在良好的氛围下进行。

注意会议的主题和大家讨论的方向有无偏差，要适时把会议方向拉回来；同时，还应注意会议过程中可能产生的从众心理，多鼓励持有与大家不同意见的人发言，并给予适当的鼓励和赞扬；对于要公布的决定，要控制会议不再讨论，如的确需要，可以另外安排会议专门讨论。

控制会议按流程进行，掌握好时间，尽量不要推迟或延长会议；对每个与会者的发言时间应该限定；如果会议议定需要得出结论的，要事先告诉与会者，让他们心里有数。这些都可以在会议议程里写明。会议得出的决定和结论应该落实到部门或人，并且确定需要的时间、资源、配合事项以及遇到问题时可以到何处或向谁寻求帮助等。安排会后跟踪，确保会议的决定和结论能够有效实施。

（三）会议的与会者

以积极正面的心态面对会议。开会能够直接表现与会者的业务能力、沟通能力、人际关系的处理和应变等能力，同时还可以与其他与会者进行交流。这既是展现自己的一个舞台，也是提高自己的机会。

明确会议目的，做到事前准备充分，发言有的放矢。这样既能节省时间成本，又能让大家明确自己的想法和问题，有助于得到帮助和帮助别人。

会前做好准备，除了准备好自己要发言的内容，还应大致了解一下其他与会者可能发言的内容，并且应该考虑到自己可能会被提问，有可能的话也准备一下应该提出的问题或意见。

（四）会议的协助人员

要事先准备好会议议程，并在会前打印好发到每个与会者手上，让每个参与者都明确了解会议的目的、主题、程序、参与人员构成等。如果有需要大家统一讨论的问题，应事先将这些问题的相关资料准备好，随会议议程一同发给每个与会者。

二 会中的管理要点

开会是一种正式沟通的渠道，项目经理通过会议解决问题，安排工作，制订计划，科学决策，推动项目最终达成目标。项目经理应注意摆脱官僚主义，掌握基本的管理沟通技巧等。

思考帽是英国学者爱德华·德·波诺（Edward de Bono）博士开发的一种思维训练模式，或者说是一个全面思考问题的模型，总共分为六种类型，所以常被称作“六顶思考帽”。它提供了“平行思维”的工具，避免将时间浪费在互相争执上。它强调的是“能够成为什么”，而非“本身是什么”，是寻求一条向前发展的路，而不是争论谁对谁错。运用波诺的六顶思考帽，将会使混乱的思考变得更清晰，使团体中无意义的争论变成集思广益的创造，使每个人变得富有创造性。

白帽子　白色是中立而客观的，代表着事实和资讯。中性的事实与数据帽，代表处理信息的功能。

黄帽子　黄帽子是顶乐观的帽子，代表与逻辑相符合的正面观点。

乐观帽代表识别事物的积极因素的功能。

黑帽子 黑色是阴沉的颜色，意味着警示与批判。谨慎帽代表发现事物的消极因素的功能。

红帽子 红色是情感的色彩，代表感觉、直觉和预感。情感帽代表形成观点和感觉的功能。

绿帽子 绿色是春天的色彩，是创意的颜色。创造力之帽代表创造解决问题的方法和思路的功能。

蓝帽子 蓝色是天空的颜色，代表控制着事物的整个过程。指挥帽指挥其他帽子，管理整个思维进程。

一个团队的成员常常在同一时刻戴着不同颜色的帽子，因此导致我们思维混乱、相互争吵和决策错误。

六顶思考帽的思维方法将思考的不同方面分开，可以依次对问题的不同侧面给予足够的重视和充分的考虑。就像彩色打印机，先将各种颜色分解成基本色，然后将每种基本色打印在相同的纸上，就会得到彩色的打印结果。同理，我们对思维模式进行分解，然后按照每一种思维模式对同一事物进行思考，最终得到全方位的“彩色”思考。

在多数团队中，团队成员被迫接受团队既定的思维模式，限制了个人和团队的配合度，不能有效解决某些问题。通过运用六顶思考帽模型，团队成员不再局限于某一种单一思维模式，而且思考帽代表的是角色分类，是一种思考要求，并不是代表扮演者本人。六顶思考帽代表的六种思维角色，几乎涵盖了思维的整个过程，既可以有效地支持个人的行为，也可以支持团体成员在讨论中互相激发。一个典型的六顶思考帽团队在实践中的应用步骤为：①陈述问题事实（白帽）；②提出如何解决问题的建议（绿帽）；③评估建议的优缺点——列举优点（黄帽），列举缺点（黑帽）；④对各项选择方案进行直觉判断（红帽）；⑤总结陈述，得出方案(蓝帽)。

三 会后的管理要点

管理工作中最大的浪费就是没有执行的会议,要比丰田公司提出的生产现场中的“七种浪费”严重得多,而且解决起来也困难得多。生产现场中的浪费大多数可以量化,然而管理工作大多为软性指标,具有较大的弹性,要想进行量化和细化相对困难;而且大家司空见惯,即使上级要求,也是紧一阵后松一阵,容易形成反复。如果不能对管理工作中的浪费形成共识,活动是很难有效地长期开展的。因此,我们必须对消除浪费活动的艰巨性和长期性有清醒的认识。所以,一次高效的会议一定要有会议记录,并且会议结束后将会议记录及时整理发给每个与会者和相关部门。会议除了需要成文的规定或决策,还要及时将会议记录给决策人过目签名,然后再以会议纪要形式下发落实。

(一)会议记录

1.会议记录的概念与分类

会议记录是指在会议过程中,由记录人员把会议的组织情况和具体内容记录下来,形成会议记录。“记”有详记与略记之别。略记是记会议上的重要或主要言论;详记则要求记录的项目必须完备,记录的言论必须详细完整。若需要留下包括上述内容的会议记录则要靠“录”。“录”有笔录、音录和影像录几种,对会议记录而言,音录、影像录通常只是手段,最终还是要将录下的内容还原成文字。笔录也常常要借助音录、影像录,以之作为记录内容最大限度地再现会议情境的保证。

按照会议性质来分,会议记录大致有办公会议记录、专题会议记录、联席(协调)会议记录、座谈会议记录等。

办公会议记录是记述机关或企业、事业单位等对重要的、综合性工作进行讨论、研究、议决等事项的一种会议记录。办公会议记录一般有例行办公会议记录(即记述例行办公会议情况及其议决事项的会议记录),以及现场办公会议记录(即为解决某重大问题而召集有关方面和有关单位在现场研究、议决或协商的办公会议)。

专题会议记录是专门记述座谈会讨论、研究的情况与成果的一种会议记录。其主要特点是主题的集中性与观点意见的分呈性相结合,既要归纳比较集中、统一的认识,又要将各种不同观点和倾向性意见都归纳表达出来。

2. 会议记录基本要求

(1)准确写明会议名称(要写全称),开会时间、地点,会议性质。

(2)详细记下会议主持人,出席会议应到和实到人数,缺席、迟到或早退人数及其姓名、职务,记录者姓名。如果是群众性大会,只要记参加的对象和总人数,以及出席会议的较重要的领导成员即可。如果某些重要的会议,出席对象来自不同单位,应设置签名簿,请出席者签署姓名、单位、职务等。

(3)真实记录会议上的发言和有关动态。会议发言的内容是记录的重点。其他会议动态,如发言中的插话、笑声、掌声、临时中断以及别的重要的会场情况等,也应予以记录。

(4)记录发言可分摘要与全文两种。多数会议只要记录发言要点,即把发言者讲了哪几个问题,每一个问题的基本观点与主要事实、结论,对别人发言的态度等,做摘要式的记录,不必“有闻必录”。某些特别重要的会议或特别重要人物的发言,需要记下全部内容。如果有录音机,可先录音,会后再整理出全文;如果没有录音条件,应由速记人员担任记录者;如果没有速记人员,可以多配几个记得快的人担任记录者,以便会后互相校对补充。

(5)记录会议的结果,如会议的决定、决议或表决等情况。会议记录要求忠于事实,不能夹杂记录者的任何个人情感,更不允许有意增删发言内容。会议记录一般不宜公开发表,如需发表,应征得发言者的审阅同意。

会议记录应该突出的重点有:

①会议中心议题以及围绕中心议题展开的有关活动;

②会议讨论、争论的焦点及其各方的主要见解;

③权威人士或代表人物的言论;

④会议开始时的定调性言论和结束前的总结性言论;

⑤会议已议决的或议而未决的事项;

⑥对会议产生较大影响的其他言论或活动。

3.会议记录注意事项

(1)真实准确。要如实地记录别人的发言,不论是详细记录,还是概要记录,都必须忠实于原意,不得添加记录者的观点、主张,不得断章取义,尤其是会议决定之类的东西,更不能有丝毫出入。真实准确的要求具体包括:不添加,不遗漏,依实而记;清楚,首先是书写要清楚,其次,记录要有条理,突出重点。

(2)要点不漏。记录的详细与简略,要根据情况决定。一般地说,决议、建议、问题和发言者的观点、论据材料等要记得具体、详细。一般情况的说明,可抓住要点,略记大概意思。

(3)始终如一。始终如一是记录者应有的态度。这是指记录者从会议开始到会议结束都要认真负责地记录到底。

(4)注意格式。会议记录的格式并不复杂,一般有会议名称、会议基本情况和会议内容。会议基本情况包括时间、地点、出席人数、主持人、缺席人、记录人。会议内容是会议记录的主要部分,包括发言、报告、建议、决议等。

凡是发言，都要把发言人的名字写在前。一定要按照发言人的发言顺序记录发言内容。记录发言时要掌握发言的质量，重点内容要详细，重复的内容可略记，但如果是决议、建议、问题或发言人的新观点要记得具体详细。

（二）会议纪要

1.会议纪要的基本概念与种类

会议纪要是在会议记录基础上经过加工、整理出来的一种记叙性和介绍性的文件，包括会议的基本情况、主要精神及中心内容，便于向上级汇报或向有关人员传达及分发。整理加工时或按会议程序记叙，或按会议内容概括出来的几个问题逐一叙述。纪要要求会议程序清楚，目的明确，中心突出，概括准确，层次分明，语言简练。会议纪要包括4种，具体如下：

（1）办公会议纪要。主要用于记载和传达领导的办公会议决定和决议事项。如其中涉及有关部门的工作，可将会议纪要发给他们，并要求其执行。

（2）工作会议纪要。用以传达重要的工作会议的主要精神和议定事项，有较强的政策性和指示性。

（3）协调会议纪要。用于记载协调性会议所取得的共识以及议定事项，对与会各方有一定的约束力。

（4）研讨会议纪要。主要记载研究讨论性或总结交流性会议的情况。这类会议纪要的写作要求全面客观，除反映主流意见外，如有不同意见，也应整理进去。

2.会议纪要的特点

（1）内容的纪实性。会议纪要如实地反映会议内容，它不能离开会议实际再创作，否则，就会失去其内容的客观真实性。

（2）表达的提要性。会议纪要是根据会议情况综合而成的，因此，撰写会议纪要时应围绕会议主旨及主要成果来整理、提炼和概括，重点应放在介绍会议成果，而不是叙述会议的过程。

(3)称谓的特殊性。会议纪要一般采用第三人称写法。由于会议纪要反映的是与会人员的集体意志和意向，常以“会议”作为表述主体，使用“会议认为”“会议指出”“会议决定”“会议要求”“会议号召”等惯用语。

3. 会议纪要的基本写法

根据会议性质、规模、议题等不同，会议纪要大致有以下几种写法：

(1)集中概述法。这种写法是把会议的基本情况、讨论研究的主要问题、与会人员的认识、议定的有关事项(包括解决问题的措施、办法和要求等)，用概括叙述的方法，进行整体的阐述和说明。这种写法多用于小型会议，而且讨论的问题比较集中单一，意见比较统一，容易贯彻操作，写的篇幅相对短小。如果会议的议题较多，可分条列述。

(2)分项叙述法。召开大中型会议或议题较多的会议，一般要采取分项叙述的办法，即把会议的主要内容分成几个大的问题，然后另加标号或小标题，分项来写。这种写法侧重于横向分析阐述，内容相对全面，问题也说得比较详细，常常包括对目的、意义、现状的分析，以及目标、任务、政策措施等的阐述。这种纪要一般用于需要基层全面领会、深入贯彻的会议。

(3)发言提要法。这种写法是把会上具有典型性、代表性的发言加以整理，提炼出内容要点和精神实质，然后按照发言顺序或不同内容，分别加以阐述说明。这种写法能比较如实地反映与会人员的意见。某些根据上级机关布置、需要了解与会人员不同意见的会议纪要，可采用这种写法。

4. 会议纪要的结构形式

会议纪要有两种格式：一是会议名称加纪要，也就是在“纪要”两个字前写上会议名称，如《全国财贸工会工作会议纪要》《吉林省工商行政管理局长会议纪要》。会议名称可以写简称，也可以用开会地点作为会议名称，如《京、津、沪、穗、汉五大城市治安座谈会纪要》《郑州会议纪要》。二是把会议的主要内容在标题里揭示出来，类似文件标题式的。如《关于加强纪检工作座谈会纪要》《关于落实省委领导同志批示保护省级文物七级浮屠塔问题的会议纪要》。

(1)简要介绍会议概况，其中包括：

①会议召开的形势和背景；

②会议的指导思想和目的要求；

③会议的名称、时间、地点、与会人员、主持者；

④会议的主要议题或解决什么问题；

⑤对会议的评价。

(2)文号格式。文号写在标题的正下方，由年份、序号组成，用阿拉伯数字全称标出，并用“〔〕”括入，如〔2004〕67号。办公会议纪要对文号一般不做必需的要求，但是在办公例会中一般要有文号，如“第××期”“第××次”，写在标题的正下方。

(3)时间。会议纪要的时间可以写在标题的下方，也可以写在正文的右下方、主办单位的下面，要写明“年、月、日”，如“2019年10月11日”，不再使用“二〇一九”等字样。

(4)正文。它是纪要的主体部分，是对会议的主要内容、主要精神、主要原则以及基本结论和今后任务等进行具体的综合和阐述。

要从会议的客观实际出发，从会议的具体内容出发，抓中心，抓要点。抓中心就是抓住会议的中心思想、中心问题、中心工作；所谓要点，就是会议的主要内容。要对此进行条理化的记录。

会议纪要是以整个会议的名义表述的，因此，必须概括会议的共同决定，反映会议的全貌。凡没有形成一致意见的问题，则需要分别论述，并写明分歧之所在。

要掌握并运用马列主义的基本理论与党的方针、政策对会议进行概括与总结。它是贯穿在纪要始终的一条红线。

为了叙述方便，眉目清楚，常用“会议认为”“会议指出”“会议强调”“与会人员一致表示”等词语，作为段落的开头语。也有用在段中的，仍起强调的作用。

属于介绍性文字的，笔者可以灵活自由叙述；属于引用性文字的，则必须忠实于发言原意，不能篡改，也不可强加于人。

小型会议的内容侧重于综合会议发言和讨论情况，并要列出决议的事项。大中型会议内容较多，正文可以分几部分来写。常见的有三种：概括叙述式、分列标题式和发言记录式。

(5)结尾。一般写法是提出号召和希望。但要根据会议的内容和纪要的要求，有的是以会议名义向本地区或本系统发出号召，要求广大干部认真贯彻执行会议精神，夺取新的胜利；有的是突出强调贯彻落实会议精神的关键问题，指出核心问题；有的是对会议做出简要评价，结合提出希望要求。

5.会议纪要的格式内容

(1)标题。标题由“会议名称+会议纪要”构成，一般是××××会议纪要。

(2)导言。导言介绍会议召开的基本情况，如时间、地点、参加人、讨论的问题，例如2020年10月10日，在公司一楼会议召开了××××会议，会议研究讨论了×××等事项，公司领导×××、×××、×××以及×××员工参加会议，会议由×××主持，现将议定事项记录如下。

(3)会议的成果及议定的事项。应逐项列出议定事项。正文格式也比较固定，一般为“会议听取了×××同志关于×××的汇报，经与会人员讨论，会议认为×××，会议决定×××，会议强调×××，会议要求×××”的基本格式。

(4)希望。

第四节 基本财务知识

一 农业企业会计目标

(一)会计的含义

会计是以货币为主要计量单位，采用一系列专门方法，对村集体经济组织的全部资金运动进行核算和监督的一种经济管理活动，它通过系统、客观、及时地对村集体经济组织的经济活动进行确认、计量和报告来为管理者提供决策信息。

(二)会计的基本职能

会计的职能是指会计在经济管理中所具有的功能。概括地说，会计具有核算和监督两大基本职能。

1.会计的核算职能

会计的核算职能是会计的最基本职能，它是指会计通过确认计量、记录、报告、利用货币的形式，从价值量方面反映村集体经济组织已经发生或完成的经济活动，为经济管理者提供可靠的会计信息。会计核算具有完整性、连续性和系统性的特征。

2.会计的监督职能

会计的监督职能是村集体经济组织会计对本单位经济活动的真实

性、合规性进行监督，使之符合国家有关方针、政策、法令和规章制度的要求。会计履行监督职能，是通过填制和审核会计凭证，进行会计分析与检查等工作环节来完成的。

(三)村集体经济组织会计的任务

村集体经济组织会计的基本任务是，严格按照国家的方针、政策、法规和规章制度，反映和监督村集体经济组织发生的各种经济业务，及时准确地向信息使用者提供会计信息，加强经济核算，提高经济效益，保护财产安全完整，处理好与各方面的关系。具体地说，它包括以下几个方面：

(1)准确地反映和报告财务状况和经营效果，及时向信息使用者提供可靠的会计信息。

(2)正确计算收支和收益，加强经济核算，促进增收节支，提高经济效益。

(3)确保集体资产安全完整和合理使用。

(4)认真执行国家的方针、政策、法令和规章制度，贯彻资本保全原则，明晰产权关系，维护财经纪律，正确处理与各个方面的经济关系。

(四)农业企业会计目标

农业企业的目标是生存、发展和营利。农业企业会计属于企业财务会计的范畴，因此，农业企业会计目标从属于财务会计目标。财务会计作为对外报告会计，其目的是通过向外部会计信息使用者提供有用的信息，以反映企业的财务信息，帮助外部会计信息使用者做出相关决策。承担这一功能的便是企业编制的财务会计报告，其作为信息载体，是财务会计确认和计量的最终成果，是企业管理层与外部会计信息使用者沟通的桥梁和纽带。

1.向财务会计报告使用者提供决策有用的信息

(1)财务会计信息是企业管理者进行决策、控制和考评的直接依据，也是诸多管理会计信息的基础。因此，以会计报表为核心的财务会计报告所提供的信息都是管理者所需要的。企业管理者要制定企业发展战略和经营目标，分配有限的经济资源，安排和组织生产，选择恰当的投资项目，提高资金的运营效率，评价自身经营活动的绩效，解除承担的受托责任等，都离不开财务会计信息。

(2)投资者，即所有者或股东，在我国包括现实和潜在的给企业投入资产的政府机构(代表国家)、法人、个人及其他投资者。他们为了做出是否继续持有企业股权、是否追加或减少投资、确定投资期限等决策，为了了解企业经营者受托责任的履行状况，都需要了解财务会计信息。

(3)债权人是指向企业提供贷款的金融机构和非金融机构，以及给企业提供材料、劳务的供应商等。他们为了决定将贷款放给谁、放多少以及放款期限，为了评估债权的风险以及按期足额收回债权本息的可能性，都需要了解财务会计信息。

(4)财政、税务等政府机构为了评价企业运用预算资金的情况，加强宏观调控，及时足额地收缴税款，也需要获取财务会计信息。

(5)企业内部职工为了了解自己的工作业绩，提升自己的工作效率，维护自身的合法权益，也需要关注财务会计信息。

(6)证券交易所、财务和证券分析机构、社会公众等获取财务会计信息后，可以就自身关注的问题对企业进行恰当评价。随着市场经济的发展、社会的进步，将会有越来越多的组织和个人关注与利用财务会计信息。

2. 反映企业管理层受托责任的履行情况

在现代公司制度下，企业所有权和经营权相分离，企业管理层是受委托人之托经营管理企业及其各项资产，负有受托责任，即企业管理层所经营管理的各项资产基本上均为投资者投入的资本(或者留存收益作为再投资)或者向债权人借入的资金所形成的，企业管理层有责任妥善保管并合理、有效地使用这些资产。因此,财务会计报告应当反映企业管理层受托责任的履行情况,以有助于评价企业的经营管理责任以及资源使用的有效性。

二 农业企业会计核算的对象

(一)生物资产概述

1.生物资产的概念及特征

生物资产是指与农业生产活动相关的有生命的动物和植物,一旦原有的动植物停止生命活动就不能再算作生物资产了。

生物资产的特殊性表现为生物资产是有生命的动物和植物。

有生命的动物和植物具有生物转化的能力,生物转化是指导致生物资产质量或数量发生变化(通常表现为生长、蜕化、生产和繁殖)的过程。其中,生长是指动植物体积、重量增加或质量提高,如农作物从种植开始到收获前的过程;蜕化是指动植物产出量的减少或质量的蜕化,如蛋鸡产蛋量的不断下降;生产是指动植物本身产出农产品,如蛋鸡产蛋、奶牛产奶、果树产水果;繁殖是指产生新的动植物,如奶牛产牛犊、母猪生小猪等。这种生物转化能力是其他资产(如存货、固定资产、无形资产等)所没有的。因此,生物资产的形态、价值以及产生经济利益的方式,随其出生、成长、衰老、死亡等自然规律和生产经营活动的变化而变化。

(1)生物资产与农产品。生物资产是"有生命"的动植物,一旦停止生命活动就不再是生物资产,与农产品有本质区别。农产品附着在生物资产上时,作为生物资产的一部分,不需单独进行会计处理;当其从生物资产上收获,离开母体,不再具有生命和生物转化能力,或其转化能力受限,应作为存货处理,如奶牛产出的牛奶、绵羊产出的羊毛、肉猪宰杀后的猪肉、收获后的蔬菜、从果树上采摘下的水果。

(2)生物资产与农业生产。农业生产管理的对象包括将生物资产转化为农产品的活动及其他生物资产转化的活动。农业生产与收获时的农产品相关,但与对收获后的农产品进行加工的活动(以下简称"加工活动")必须严格加以区分。农业生产活动针对的是有生命的生物资产,而加工活动针对的是收获后的农产品,加工活动并不包含在生物资产准则所指的农业生产范畴之内。

2.生物资产的分类

根据生物资产的用途,可将生物资产分为消耗性生物资产、生产性生物资产和公益性生物资产。

(1)消耗性生物资产。它是指为出售而持有的或在将来收获为农产品的生物资产。一般而言,它要经过培育、长成、处置等阶段。通常是一次性消耗并终止其服务能力或未来经济利益,在一定程度上具有存货的特征。如生长中的大田作物、蔬菜、用材林以及存栏待售的牲畜等。

(2)生产性生物资产。它是指为产出农产品、提供劳务或出租等目的而持有的生物资产,具有自我生长性,能够在持续的基础上予以消耗并在未来的一段时间内保持其服务能力或未来经济利益,属于有生命的劳动手段,包括经济林、薪炭林、产畜和役畜等。生产性生物资产在一定程度上具有固定资产特征。

一般而言,生产性生物资产通常需要生长到一定阶段才开始具备生产的能力。根据其是否具备生产能力,即是否达到预定生产经营目的(生产性生物资产进入正常生产期,可以多年连续稳定产出农产品,提供劳务或出租),生产性生物资产可以划分为未成熟和成熟两类。前者指尚未达到预定生产经营目的,还不能够多年连续稳定产出农产品、提供劳务或出租的生产性生物资产,如尚未开始挂果的果树、尚未开始产奶的奶牛等;后者则指已经达到预定生产经营目的的生产性生物资产,如已经挂果并能多年产出果子的果树、已经开始产奶的奶牛等。

消耗性生物资产只是劳动对象，而生产性生物资产同时又具有生产手段的属性。从经济学意义上理解，它们具有不同的经济性质和功能。

(3)公益性生物资产。它是指以防护、环保为目的的生物资产，包括防风固沙林、水土保持林和水源涵养林等。尽管公益性生物资产不能直接给企业带来经济利益，但具有服务潜能，有助于企业从其他相关资产获得经济利益。

(二)农业企业会计核算的对象

农业企业会计核算的对象是指农业企业生产过程中能用货币表现的经济活动。农业企业除了有着和一般企业大体相同的经济活动，还有其自己的特殊业务活动，即农业活动。

具体来说，农业生产管理的对象主要有以下两个。

(1)将生物资产转化为农产品的活动。这主要是指通过消耗性生物资产的生长和收获而获得农产品的活动过程，以及利用生产性生物资产产出农产品的活动过程。例如，种植业通过作物的生长和收获后而获得稻谷、小麦等农产品的活动过程，畜牧养殖业通过牲畜的饲养和收获而获得仔猪、肉猪、鸡蛋、牛奶等畜(禽)产品的活动过程，水产业通过水生动物的养殖而获得水产品(种鱼养殖除外)的活动过程。

(2)其他生物资产的生物转化的活动。这主要是指除生物资产转化为农产品的活动之外的生物资产的生长和管理。例如，经济林木在达到预定生产经营目的之前的生长和管理，奶牛在第一次产奶前的饲养和管理，役畜的饲养和管理等。

(三)农业活动的特点

农业活动是指农业企业对将生物资产转化为农产品或其他生物资产的生物转化的管理。生物资产是指与农业生产相关的有生命的动物和植物。农业活动是一项管理活动,是对某一活动或过程的管理。农业经济活动的主要特点有强烈的地域性、明显的阶段性、季节性和周期性。

农业活动都存在以下共同特点。

1.转化能力

不论是动物还是植物都能进行生物转化。生物转化是指导致生物资产质量或数量发生变化的生长、蜕化、生产、繁殖的过程。例如,农作物从种植开始到收获前的过程就属于生长,奶牛产奶能力的不断下降属于蜕化,蛋鸡产蛋、果树结果就属于生产,母猪生小猪就属于繁殖。

2.转化的管理

通过增强或者稳定转化发生所必需的条件,能够促成生物转化的发生,如对营养、温度、湿度、光照、肥力等的管理,这种管理活动使得农业活动与其他活动区分开来。例如,从未经管理的资源中收获的活动,就不是农业活动,包括海洋渔业的捕捞、原始森林的采伐及野生草药果实的采摘等。

3.转化的计量

对生物转化带来的质量(遗传价值、密度、成熟期、脂肪层、纤维强度)变化和数量(产果量、重量、体积、长度或直径)变化的计量和监控成为管理的日常职能。

三 农业企业会计科目的设置

2006年,企业会计准则体系下的会计科目已与国际趋同,基本满足了当前我国的现实需要。新准则体系下一般农业企业使用的会计科目分为五大类。同时,允许农业企业根据自身的需要增设明细科目,如可以在“农业生产成本”一级科目下设置“种植业生产成本”“畜牧养殖业生产成本”“林业生产成本”等,充分体现了适用性和灵活性的原则。

(一)设置会计科目的原则

(1)满足对生物资产和农产品进行核算的需要。不仅要设置与生物资产和农产品核算直接相关的会计科目,如"生产性生物资产""农产品""消耗性生物资产"等科目,还要设置与生物资产和农产品核算间接相关的会计科目,如"农业生产成本"等科目。

(2)反映农业企业会计核算的复杂性。一级会计科目统一设置,二级会计科目可在不违反统一会计核算要求的前提下,由企业根据需要自行设置。

(二)农业企业会计科目的设置

根据我国相关法律,农业企业会计科目一般分为五大类,即资产、负债、权益、成本和损益。目前,这些科目可以较好完成农业企业会计核算。但如果是特殊类型的农业企业,如生态农场、生态农业科技公司,生态效益、社会效益仍然难以准确计量。未来可以增加公共权益、公共产品、公益收益等会计科目,这需要学术界进行相关创新。详见表1。

表1　农业企业一般会计科目

顺序号	科目编号	科目名称	顺序号	科目编号	科目名称
一、资产类			14	1403	原材料
1	1001	库存现金	15	1404	材料成本差异
2	1002	银行存款	16	1405	农产品
3	1012	其他货币资金	17	1406	发出商品
4	1101	交易性金融资产	18	1408	委托加工物资
5	1121	应收票据	19	1411	周转材料
6	1122	应收账款	20	1421	消耗性生物资产
7	1123	应付账款	21	1422	消耗性生物资产跌价准备
8	1131	应收股利	22	1461	融资租赁资产
9	1132	应收利息	23	1471	存货跌价准备
10	1221	其他应收款	24	1501	持有至到期投资
11	1231	坏账准备	25	1502	持有至到期投资跌价准备
12	1401	材料采购	26	1503	可供出售金融资产
13	1402	在途物资	27	1511	长期股权投资

续表

顺序号	科目编号	科目名称
28	1512	长期股权投资跌价准备
29	1521	投资性房地产
30	1531	长期应收款
31	1532	未实现融资收益
32	1601	固定资产
33	1602	累计折旧
34	1603	固定资产减值准备
35	1604	在建工程
36	1605	工程物资
37	1606	固定资产清理
38	1611	未担保余值
39	1621	生产性生物资产
40	1622	生产性生物资产累计折旧
41	1623	生产性生物资产减值准备
42	1624	公益性生物资产
43	1701	无形资产
44	1702	累计摊销
45	1703	无形资产减值准备
46	1711	商誉
47	1801	长期待摊费用
48	1811	递延所得税资产
49	1901	待处理财产损溢
二、负债类		
50	2001	短期借款
51	2101	交易性金融负债
52	2201	应付票据
53	2202	应付账款
54	2203	预收账款
55	2211	应付职工薪酬
56	2221	应交税费
57	2231	应付利息
58	2232	应付股利
59	2241	其他应付款
60	2501	长期借款
61	2502	应付债券
62	2701	长期应付款
63	2702	未确认融资费用
64	2711	专项应付款
65	2801	预计负债
66	2901	递延所得税负债
三、所有者权益类		
67	4001	实收资本
68	4002	资本公积
69	4101	盈余公积
70	4103	本年利润
71	4104	利润分配
72	4201	库存股
四、成本类		
73	5001	农业生产成本
74	5101	制造费用
五、损益类		
75	6001	主营业务收入
76	6051	其他业务收入
77	6061	汇总损益
78	6101	公允价值变动收益
79	6111	投资收益
80	6301	营业外收入
81	6401	主营业务成本
82	6402	其他业务成本
83	6403	营业税金及附加
84	6601	销售费用
85	6602	管理费用
86	6603	财务费用
87	6701	资产减值损失
88	6711	营业外支出
89	6801	所得税费用
90	6901	以前年度损益调整

注：

1. 消耗性生物资产是指为出售而持有的或在将来收获为农产品的生物资产，包括生长中的大田作物、蔬菜、用材林及存栏待售的牲畜等。消耗性生物资产发生减值的，可以单独设置“消耗性生物资产跌价准备”科目，比照“存货跌价准备”科目进行处理，体现了谨慎性原则。

2. 生产性生物资产，是指为产出农产品、提供劳务或出租等目的而持有的生物资产，包括经济林、薪炭林、产畜等。生产性生物资产发生减值的，可以单独设置“生产性生物资产减值准备”科目，比照“固定资产减值准备”科目进行处理。

3. 公益性生物资产，是指以防护、环境保护为主要目的的生物资产，包括防风固沙林、水土保持林和水源涵养林等。

（三）村集体经济组织会计科目的设置

村集体经济组织是农村经济体制改革后形成的农村基层经营管理单位，是以公有土地为基础的劳动群众集体所有制经济组织，其财产归本经济组织范围内的全体成员集体所有。村集体经济组织有独立进行经济活动的自主权，合法权益受法律保护。

1. 村集体经济组织会计核算的特点

（1）经济关系复杂性：与国家、有关部门、其他单位、个人和所属千家万户有广泛的经济业务。

（2）核算形式多重性：双层经营体制和模式的存在。

（3）核算方法特殊性：不像企业计算成本和利润，不像行政、事业单位不计算收益，只能将各项收入与各项支出进行对比，计算出收益后，按照有关法律、法规和政策规定，在国家、集体、个人三者之间进行分配。

2. 村集体经济组织会计科目设计

（1）村集体经济组织会计科目也包括资产、负债、权益、成本、损益五大类。同样，对于一些特殊类型的资产，如公益性生态资源、社会效益仍然也无法进行会计核算。

（2）对于业务复杂的村集体经济，可以借鉴集团公司的会计科目。详见表2。

表2　村集体经济组织会计科目表

顺序号	科目编号	科目名称
一、资产类		
1	101	现金
2	102	银行存款
3	111	短期投资
4	112	应收款
5	113	内部往来
6	121	库存物资
7	131	牲畜(禽)资产
8	132	林木资产
9	141	长期投资
10	151	固定资产
11	152	累计折旧
12	153	固定资产清理
13	154	在建工程
二、负债类		
14	201	短期借款
15	202	应付款
16	211	应付工资
17	212	应付福利费
18	221	长期贷款及应付款
19	231	一事一议资金
20	241	专项应付款
三、所有者权益类		
21	301	资本
22	311	公积公益金
23	321	本年收益
24	322	收益分配
四、成本类		
25	401	生产(劳务)成本
五、损益类		
26	501	经营收入
27	502	经营支出
28	511	发包及上缴收入
29	521	农业税附加返还收入

续表

顺序号	科目编号	科目名称
30	522	补助收入
31	531	其他收入
32	541	管理费用
33	551	其他支出
34	561	投资收益

注：

1.上述会计科目表是按照一般的要求所设置的，各省、自治区、直辖市财政部门和代理服务中心也可以在不影响会计核算要求和会计报表指标汇总的前提下，根据实际情况，自行增设、减少或合并某些会计科目。例如，村集体经济组织有无形资产的，可增设“无形资产”科目(科目编号161)；向所属单位拨付资金业务的，可增设“拨付所属单位资金”科目(科目编号171)。

2.2006年，我国全面取消农业税，“农业税附加返还收入”科目(科目编号521)也不再使用，本章在科目表中未删除这一科目是照顾到体系的完整性。

第五章 目标控制

第一节 成本控制

一 农产品成本的概念及其构成

农产品的理论成本是指在农产品的生产中，耗费的物化劳动和活劳动的货币表现，即为生产某种农产品而发生的，能以货币计量的劳动资料、劳动对象和活劳动的耗费。劳动资料耗费包含农用机械、生产用房等的使用成本；劳动对象耗费是指种子、化肥、农药等成本；活劳动耗费是指支付给从事农产品生产者的脑力和体力消耗。农产品的理论成本能够比较全面体现生产过程中成本耗费的共同特点，正确反映农产品物质和劳动直接消耗的经济内容。

农产品成本由农产品直接生产过程中消耗的物质费用、劳动费用、期间费用构成，包括直接成本和间接成本两种。直接成本包括种子、种苗、饲料等费用，生产人员工资、奖金等费用，燃料、动力等费用，化肥、农药等费用。间接成本包括人员工资、奖金等费用，运输费、修理费，生产设备折旧费和实验检验费。从成本核算的角度来看，农产品成本核算包括农产品生产成本核算和农产品含税成本核算。从成本控制的角度来看，形成农产品生产成本和含税成本具体项目只是农产品成本控制的一个方面，即有形成本动因；而对那些不能量化或未能计入农产品成本，但对农产品成本的形成产生重要影响的无形成本动因，也是农产品成本控制的内容。农产品成本核算是指对农业生产经营过程中的直接成本和间接成本进行计算、分析，从而找出降低成本的有效方法。有效而准确的成本核算对于合理进行农产品成本控制有着重要意义，两者相辅相成，互为表里。

二 农产品成本核算对象

确定成本计算对象是正确计算产品成本的前提。农业企业产品成本核算对象可以是品种、成长期、批别。

为适应成本管理的要求和简化成本核算手续，在进行农产品的成本核算时，企业首先要区分主要作物和次要作物。对主要作物应当以每种作物为成本核算对象，单独核算其产品成本；对次要作物则以作物类别作为成本核算对象，先计算出各类作物的产品总成本，再按一定标准确定各种作物的产品成本。对不同收获期的同一种作物必须分别核算。企业的主要农产品一般为小麦、水稻、大豆、玉米、棉花、糖料、烟叶等。

三 农产品成本核算基本要求

在进行成本核算过程中，除了应遵循会计法规、成本核算原则，还应按以下各项要求开展具体工作。

1.加强生产费用预算、审核和控制

成本核算不能只限于对生产费用进行事后的记录和计算，而应在事前就认真编制生产费用预算，并在生产费用发生之前和发生过程中，进行严格的审核和控制。对符合有关规定和有利于生产发展的开支，要积极支持；对违反财务制度和不必要的开支，应坚决制止，力争将损失、浪

费杜绝在发生之前。

2. 正确划分各种费用界限

企业在生产经营过程中发生的支出有不同的用途，需要按照其用途进行划分，确定其最终的归属。产品成本的计算过程实际上是对发生的费用进行不断地划分、归集和分配的过程。通过费用的划分，我们可以正确地划分各种费用的界限。

(1)正确划分费用性支出与非费用性支出的界限。企业经营活动的广泛性，决定了支出内容的多样性。为了保证不同企业提供的成本会计信息具有可比性，防止企业乱压缩成本、乱列费用，国家规定了企业成本费用的开支范围与开支标准，统一了成本费用的核算口径。要分清是费用性支出，还是非费用性支出。企业的支出可以划分为六类。收益性支出属于费用性支出，形成当期的生产费用与期间费用。资本性支出、投资支出、所得税支出、营业外支出和利润分配支出属于非费用性支出，分别形成企业的长期资产、对外投资、应交所得税、非生产经营支出和应付股利。

(2)正确划分生产费用与期间费用的界限。企业发生的费用性支出，要根据其经济用途分清是生产费用还是期间费用。生产费用最终要计入产品成本。由于期末在产品的影响，当月发生的生产费用不一定形成当月完工产品的成本。当月的完工产品不一定能在当月实现销售而形成当月的产品销售成本。因此，当期的生产费用不一定能在当期的收入中得到补偿。而期间费用则不同，只要属于当期的费用，都将在当期的收入中予以补偿。因此，生产费用与期间费用对当期的利润形成具有不同的影响，必须分清两者的界限。

(3)正确划分本期费用与后期费用的界限。无论是生产费用还是期间费用，都要按照权责发生制原则分清是本期费用还是后期费用。凡是属于本月的费用，不论是否实际发生，都应当予以确认并计入当月的生产费用或期间费用。凡不属于本月的费用，不论其发生与否，都不得计入当月的生产费用或期间费用。本着重要性原则，对于应当采用跨期负担的数额较小的费用，因其对当期的产品成本或经营损益的影响不大，也可以直接计入发生当月的生产费用或期间费用。

（4）正确划分各种产品应负担费用的界限。企业同时生产两种或两种以上的产品时，对属于本月的生产费用还要分清各种产品应负担费用的界限。应按不同的产品成本计算对象归集各自应承担的生产费用，以便正确计算各种产品成本，分别考核和分析产品成本计划或定额的完成情况。不得随意调整各种产品应负担的生产费用，不得任意在可比产品与不可比产品之间、盈利产品与亏损产品之间转移生产费用。应确保各种产品成本计算的正确性。

（5）正确划分完工产品与月末在产品费用的界限。在规定的时间对产品成本进行计算时，某种产品全完工，则该产品所归集的生产费用就构成该完工产品的总成本；若某种产品尚未完工，则该产品所归集的生产费用就是该产品的月末在产品成本；若某种产品部分已经完工，部分尚未完工，则需要运用一定的方法对该种产品所归集的生产费用进行分配，分别确定完工产品成本与月末在产品成本。

3. 正确确定财产物资的计价与价值结转的方法

企业在产品生产过程中所发生的耗费，有相当一部分是财产物资的耗费。其耗费的价值构成产品成本或期间费用。不同的财产物资有不同的计价方式，不同的物资耗费也有不同的价值结转方法。它们分别对产品成本的计算和期间费用的确认产生不同的影响。

4. 做好产品成本核算的基础工作

为了保证产品成本核算的正确性，以便加强成本管理，提供真实可靠的成本会计信息,必须做好成本核算的基础工作。其内容一般包括建立健全原始记录制度、强化定额管理制度、严格计量验收制度、实施内部结算制度。

(1)建立健全原始记录制度。原始记录是指按照规定的格式,对企业的生产、技术经济活动的具体事实所做的最初的书面记载。健全的原始记录是正确进行成本核算的前提,是编制费用预算、严格控制成本费用支出的重要依据。原始记录形成的反映企业生产经营情况的原始凭证,提供了成本核算的原始资料。企业需要制定原始记录制度,确定原始记录的责任人员,明确记录人员的岗位职责,规范原始记录的传递程序和传递时限,保证原始记录真实、可靠、正确、及时。

与成本会计有关的原始记录主要包括以下内容:

①反映在生产经营过程中物化劳动消耗的原始记录;

②反映活劳动消耗的原始记录;

③反映在生产经营过程中发生的各种费用支出的原始记录;

④其他原始记录。

原始记录是一切核算的基础,成本核算更是如此。因此,原始记录必须真实正确,内容完整,手续齐全,要素完备,以便为成本计算、控制、预测和决策提供客观的依据。

(2)强化定额管理制度。定额是指企业在一定的生产技术条件下,用以控制在生产经营过程中人力、物力、财力消耗及占用所规定的数量标准。科学先进的定额,有利于编制成本计划,控制成本水平,分析考核成本管理业绩。与成本核算有关的消耗定额主要包括工时定额、产量定额,材料、燃料、动力、工具等消耗的定额,有关费用的定额,如制造费用的预算等。定额的制定要体现先进性、科学性、可控性、可行性的要求。消耗定额的制定是企业产品生产发生耗费时应该掌握的标准。但由于消耗定额服务于不同的成本管理目的，可表现为不同的消耗水平。企业编制成本计划是根据计划期内平均消耗水平来制定定额的。

定额作为分配实际成本标准时，是以能体现现行消耗水平的定额为依据来衡量的；当企业为实现预期利润而控制成本时，是根据企业实现预期利润必须达到的消耗水平作为衡量的尺度的。

定额制定后，为了保持它的先进性和科学性，还必须根据生产的发展、技术的进步、劳动生产率的提高，进行不断的修订，使它为成本管理与核算提供客观的依据。

(3)严格执行计量验收制度。制造企业在生产经营过程中，会发生大量的财产物收发业务，都离不开计量和验收。只有正确计量，才能保证物资消耗的正确计价；只有强化验收制度，才能落实经济责任，保证各项财产物资收发领用业务真实可靠。严格的计量验收制度应当包括计量器具的配置、检测和校正制度，财产物资的出入库手续制度，有关责任人员的岗位责任制度，财产物资的清查制度等。

(4)实施内部结算制度。在生产经营过程中，企业内部各单位之间往往会相互提供半成品、材料、劳务等，为了分清企业内部各单位的经济责任，明确各单位工作业绩及总体评价，同时为了考核的需要，应制定企业内部结算价格，实施内部结算制度。制定结算价格的主要依据如下：

①内部转移的材料物资等，应以当时的市场价格作为内部结算价格。

②材料物资、劳务等也可以以市场价格为基础，双方协商定价，即以通常所说的"议价"作为内部结算价格。

③企业生产的零部件、半成品等在内部转移时，可以用标准成本或计划成本作为内部结算价格。

④可以在原有成本的基础上，加上合理的利润(按一定的利润率计

算)作为内部结算价格。

除上述计价方法外,企业也可以根据生产特点和管理要求及结算上的具体情况来确定合理的结算价格。

5. 确定适用的成本计算方法

不同企业在产品生产过程中,存在不同的生产组织方式、生产工艺特点、成本管理要求,因此可以采用不同的成本计算方法。正确确定产品的成本计算方法,有利于正确及时地计算产品成本,提供准确的成本会计信息。

我国制造企业的产品成本计算方法从传统方法来看主要包括:品种法、分批法、分步法、分类法及定额法等。这些方法中有基本方法和辅助方法,企业必须根据自身产品生产的特点和管理要求来选用计算产品成本的具体方法。

四 农产品成本核算的程序

农产品成本核算是一项复杂的工作,虽然所涉及的内容和运用的方法很多,但农产品成本核算工作都必须遵循一定的程序,才能有条不紊地展开。一般程序主要包括以下内容。

(1)确定成本计算对象。成本计算对象是生产费用的承受对象,它是计算产品成本的基本前提,对于农业生产来说,成本计算对象即为具体的农产品。

(2)确定成本项目。成本项目是计入农产品成本的费用按照经济用途分类形成的。农业生产过程中所发生的所有成本费用均需按成本项目进行归集和分配,通过各个成本项目,可以反映出农产品生产过程中不同资金的耗费情况。

(3)归集成本费用。以完全成本制度或制造成本制度为基础归集农产品生产过程中发生的所有费用，按照会计分期确定计入当期农产品的成本费用。

(4)分配成本费用。成本费用的分配是指应计入本期农产品成本的成本费用按配比原则在各农产品之间进行归集、分配，最终确定各农产品成本。不难看出，农产品成本的核算过程，实际上就是成本费用不断分配的过程。

五 农产品成本控制

(一)农产品成本控制

农产品成本控制是指在农产品生产经营过程中，根据一定的控制标准，对形成成本全过程进行指导、限制和监督，并采取有效措施及时纠正脱离标准的偏差，使实际成本的各种支出被控制在规定的标准范围之内，以保证达到降低农产品成本的目的的一种管理活动。根据农产品成本控制的这一界定，农产品成本控制的基本程序为：①制定农产品成本控制的标准；②计算实际发生的农产品成本；③进行成本差异分析；④采取措施控制成本。

在标准成本控制系统中，成本差异是指一定时期内生产一定数量的产品所发生的实际成本与标准成本之差。成本差异分为直接物质成本差异、直接人工成本差异、间接费用成本差异、期间费用成本差异、税金差异。

从理论上讲，农产品标准成本的制定不仅要考虑农业生产本身的技术水平和管理水平的高低，而且要考虑市场变化对成本的可接受程度。在实践中，往往采用目标成本管理的“倒扣法”和标准成本管理的“顺算法”相结合的方法确定农产品的标准成本。

“顺算法”是根据农业生产本身的技术水平、管理水平等内部状况来确定标准成本,“倒扣法”是把由市场需求决定的目标售价和期望目标利润(纯收入)这两个因素求得的目标成本作为标准成本。由顺算法计算的标准含税成本与倒扣法计算的标准含税成本不可能完全一致。如果顺算法计算的标准含税成本小于倒扣法计算的标准含税成本,采用顺算法更为合适;如果顺算法计算的标准含税成本大于倒扣法计算的标准含税成本,采用取二者均值的方法更为合适。

(二)农产品成本控制的程序

农业企业的成本项目一般包括直接材料、直接人工、其他直接费用以及间接费用等。直接材料是指农业生产过程中实际消耗的各种原材料、辅助材料、外购半成品、燃料动力等。直接人工是指农业企业直接从事生产经营人员的工资、奖金、津贴和补贴。其他直接费用包括直接从事生产经营人员的职工福利费用等。间接费用是指农业企业为组织和管理生产所发生的管理人员的工资及福利费、修理机折旧费、机物料消耗、低值易耗品摊销、水电费、办公费、差旅费、运输费、保险费、设计制图费、试验费、劳动保护费、土地开发费摊销等。

由于农、林、牧、副、渔业的生产受自然生长周期的影响,所以,成本计算期不可能完全一致。一般而言,对于经常有产品产出的橡胶、乳牛、家禽、工副业等生产,应按月计算产品的实际成本;对于一年只收获一次或几次的粮食、棉花、果、桑、茶等产品,应在产品的收获月份计算产品的实际成本。因此,农业产品成本计算期可以是定期的,也可以是不定期的。为了正确计算农业生产成本,应按不同的生产类型分别设置“农业生产成本”“林业生产成本”“畜牧业生产成本”等科目。对于辅助生产费用、机械作业费用,可以在各业生产成本科目下分别设置“辅助生产”“机械作业费”明细科目进行归集分配,也可另设一级科目进行核算,先按费用发生的地点进行归集,然后分配计入各业成本明细账中。

企业应根据具体情况设置种植业生产成本核算项目。一般情况下可设以下成本核算项目。

(1)直接材料，指生产中耗用的自产或外购的种子、种苗、肥料、地膜、农药等。

(2)直接人工，指直接从事种植业生产人员的工资、工资性津贴、奖金、福利费。

(3)机械作业费，指生产过程中进行耕耙、播种、施肥、中耕除草、喷药、收割等机械作业所发生的费用支出。

(4)其他直接费用，指除直接材料、直接人工和机械作业费以外的其他直接费用。

(5)制造费用，指应摊销、分配计入各产品的间接生产费用。例如，种植业生产中所发生的管理人员工资及福利费、晒场等固定资产折旧费、晒晾费用、场院照明费用、晒场维修费、晒场警卫人员工资等。

林木种子生产以生产周期为成本计算期，以千克为计量单位，采用分批法计算产品成本。产品完成验收后，其成本由原果采集(含收购)和原果加工两个阶段平行转入完工产品成本。

(三)农产品成本控制中的风险类型

1.农业经济组织风险及特征

农业经济组织风险是指在农业生产经营过程中出现的不确定性因素，它将影响农业经济组织目标的实现。与其他行业相比，农业经济组织面临的生产经营风险具有自身的行业特征：

(1)农业风险具有不确定性，也具有客观性。

(2)农业风险是一定具体条件下的风险，随条件变化而变化。

(3)农业风险是一定时限内的风险，随时间延续而变化。

(4)风险结果具有损益性，可带来损失，也可带来利益。

(5)风险发生具有关联性,可引发其他风险。

2.农业经济组织风险种类

经济组织风险包括战略风险、信用风险、自然风险、市场风险、法律风险、财务风险、生产风险、经营风险、运输风险等。对于农业经济组织而言,最重要的风险包括以下五类:

(1)自然风险。农业行业因其自然性、投资较大、生产周期长等特点,受自然风险的影响较其他行业更为严重。自然风险主要分为自然资源风险和自然灾害风险。

(2)市场风险。农业生产中的市场风险主要包括产品销售不畅、价格不稳定、市场和需求变化快等。无论是种植业还是养殖业,抑或其他农业行业都客观存在着市场风险。形成市场风险的主要原因是价格波动的风险和交易风险。

(3)技术风险。农业生产经营中,由于缺乏专业技术、技术操作失误等对农业生产经营造成的损失统称为技术风险。形成技术风险的主要原因有农业技术经济绩效的不确定性、农业技术应用的复杂性、农民素质状况的不均衡等。

(4)经营风险。经营风险是指由于人为错误或者经营不善产生的风险,包括流程风险、人为风险、系统风险、事件风险、业务风险、操作风险等。

(5)其他风险。如重大疫情风险、农产品质量安全风险、农业生产成本风险等,都属于其他风险。

(四)降低农产品成本的途径

1.从销售渠道方面降低农产品成本

针对目前存在的主要问题,农产品销售渠道需要从以下六个方面进一步优化:

(1)销售渠道主体的优化。销售渠道主体要实现农产品销售渠道安全、高效、稳定的运行目标,必然选择规模化、企业化、组织化的方式。主要包括:一是生产农户的组织化。农户可以通过建立合作社实行共产共销、技术与服务共享,以整体实力参与市场竞争。二是龙头企业进行组合。龙头企业可以通过合并,扩大企业的覆盖面,增加业务范围,促进企业竞争力的全面提升。三是销售商之间的组合。农产品的销售商可以通过机构的重组、合并,丰富产品种类,提供更高质量的销售服务。

(2)销售渠道过程的优化。农产品销售渠道过程的优化主要是加强信息化在农产品销售渠道中的应用和普及,迅速、准确地传递信息。主要包括:一是具备一些基本的信息设备,包括信息收集、处理和管理的计算机、场地和其他设备等。二是构建信息平台和网络。销售终端信息最丰富,可以作为信息平台的中心,而中间商可以作为信息枢纽,建立生产领域、流通领域和销售领域的信息网络。三是加强信息的收集、处理、分享及管理。渠道组织通过各种可能的手段和方式收集信息并使信息在销售渠道中准确顺畅地流通,由技术人员对收集的信息进行专业处理以提高信息的质量和实用性,再将处理后的信息在销售渠道中形成互动,实现信息的双向流通。

(3)销售渠道结构的优化。根据销售渠道设计理念,我国农产品销售渠道结构应在长度、宽度、广度三个维度实现合理化的目标。主要包括:一是农产品销售渠道长度的扁平化。农产品从生产领域到消费领域的中间环节越来越少。二是农产品销售渠道宽度的适度化。根据农产品的生产布局、自然属性、生产者的能力、消费市场的区域布局以及市场环境的变化而选择不同的销售渠道。三是农产品销售渠道广度的多元化。根据生产者特点、需求市场的不同和销售方式的变化,选择多元化的路径。

(4)销售终端的优化。农产品销售渠道的优化需要提升农产品批发、零售终端的功能,建设具备信息汇集、促成交易、价格形成、管理订单、规划物流、结算六类功能的销售终端;促进交易方式的增加和变化,促进订单生产和直销等方式,推广电子结算模式;促进无形市场的发展,发展有形和无形市场相结合的综合形态。农产品销售渠道优化必须要逐渐建立以直销为主要方向,以超市连锁经营、农贸市场为辅助的综合终端销售体系。其中,农产品生鲜超市具有农贸市场和现代超市的综合优势,主要有以下两种形式:一是从经营农产品的超级市场中划分出的农产品销售区;二是农产品专卖店和连锁店。要通过有效的宣传、扶持、示范来带动农产品生鲜超市的发展。

(5)物流配送的优化。农产品物流配送应以满足消费者需求为优化目标,把生产、储存、加工、整理、运输、销售等各个环节相结合,以信息技术为支撑,把隔离的信息流紧密联系起来,建立一条降低农产品消耗、提高销售渠道效率的完整供应链。物流企业和农产品企业应积极参与,建立高效率的农产品物流配送系统,简化农产品从生产者到零售终端的环节。

(6)销售渠道关系的合作化。当前农产品销售渠道成员各自产权独立、风险自担、利益独享,由于缺乏有效的控制、监督机制,销售渠道的稳定性与安全性很大程度上依赖于渠道成员的自律。建立良好的销售渠道关系是农产品销售渠道优化的重要方向。农产品销售渠道组织应以互信互利为基本原则,建立渠道组织"利益共同体",加强组织整体对农产品销售渠道的控制力。组织之间建立合作伙伴关系,通过合作关系将双方结成一个致力于长期发展的稳定的利益共同体。

依据农产品供应链的形成过程不同,每一条供应链中都有起重要作用的核心环节,围绕核心环节形成农产品供应链的网链结构。传统农产品销售模式也依据核心环节的类型及在供应链中所处的地位，呈现出不同的运作模式。

①以农产品批发市场为核心的销售模式。批发市场的作用是“化整为零”，该模式在农产品流通形式中占主导地位。批发商可分为一级批发商、二级批发商等，在生产者和消费者之间通过多级批发形成供应链。

②以农产品加工企业为核心的销售模式。在这种模式中，整个供应链可分为农产品原料供应体系、农产品加工体系和农产品分销体系，这三个体系可通过加工企业有机结合在一起。这种模式保证了农产品加工企业有稳定的货源，中间环节相对减少，使整个农产品供应链处于增值过程。

③以农产品大型零售企业为核心的销售模式。20世纪80年代后，整个农产品流通销售模式发生了巨大变化，农产品产业链中的核心主导权由生产商向零售商转移，这就导致原来以生产商为核心的销售模式转向以大型零售商为核心的销售模式。农产品从零散农户或合同农户手中生产出来，再经批发市场和各级加工企业通过终端销售超市到达消费者手中，由此形成一种以大型零售企业为核心的新型农产品销售模式。

2.从技术方面降低农产品成本

利用生物技术提高养分有效性，日本已将固氮基因转入水稻根际微生物中，试验表明可降低水稻需氮量的1/5，从而有助于减少化肥施用量。我国采用基因工程选育的耐氨型水稻根际固氮菌，已从试验阶段进入田间推广阶段，其应用面积处于世界领先地位。施用这种细菌可节约化肥1/5，平均增产5%~12.5%。

第二节 质量控制

一 农产品安全生产管理知识

(1)《中华人民共和国农产品质量安全法》(以下简称《质量安全法》)规定,产品生产记录应当保存2年,禁止伪造农产品生产记录。

(2)县级以上人民政府农业行政主管部门应当加强对农业投入品使用的管理和指导,建立健全农业投入品的安全使用制度。

(3)农产品生产企业和农民专业合作经济组织应当建立农产品生产记录,如实记载事项包括使用农业投入品的名称、来源、用法、用量和使用、停用的日期,动物疫病、植物病虫草害的发生和防治情况,收获、屠宰或者捕捞的日期等信息。

(4)农业科研教育机构和农业技术推广机构应当加强对农产品生产者质量安全知识和技能的培训。

(5)《质量安全法》规定,对可能影响农产品质量安全的农药、兽药、饲料和饲料添加剂、肥料、兽医器械等,应依照有关法律、行政法规的规定实行许可制度。

二 农产品加工过程管理知识

(1)农业生产经营者和农业生产经营者组织可作为申请人申请良好农业规范(GAP)认证。良好农业规范是主要针对初级农产品的种植业和养殖业的一种操作规范。

(2)生产绿色食品提倡使用有机肥料。

(3)国家引导、推广农产品标准化生产,鼓励和支持生产优质农产品,禁止生产、销售不符合国家规定的农产品质量安全标准的农产品。

(4)有机食品加工的基本要求包括原料是已获得有机颁证的产品,原料可以是野生无污染的天然产品,不用人工合成的添加剂,生产加工及贮运过程中应避免化学物质的污染,加工过程必须有完整的档案记录等。

三 农产品安全认证基础知识

(1)有机食品转换期通常为2~3年。

(2)农产品的"三品一标"是指有机食品、无公害食品、绿色食品以及地理标志农产品。

(3)绿色食品标准共分为两个技术等级,即AA级绿色食品标准和A级绿色食品标准。

(4)绿色食品认证属于准入认证。

(5)我国衡量天然有机食品的基本标准包括不受任何污染和不使用人工合成添加剂。

(6)食用农产品合格证包括产品名称和重量、食用农产品生产经营者信息、确保合格的方式、生产经营者盖章或签名、开具日期等内容。

四 农产品安全检测基础知识

(1)农产品质量安全的主要检测内容包括检测农药残留量、重金属含量、硝酸盐以及亚硝酸盐含量等。

(2)农产品质量安全检测机构应当依法经计量认证为合格。

(3)《质量安全法》规定,农产品质量的监督抽查检测应当委托具有相应检测条件和能力的检测机构承担,并不得收费。

(4)从事农产品质量安全检测的机构,必须具备相应的检测条件和能力,由省级以上人民政府农业行政主管部门或者其授权的部门考核合格。

(5)《质量安全法》规定,农产品质量安全检测机构出具检测结果不实,造成损害的,依法承担赔偿责任;出具检测结果不实,造成重大损害的,撤销其检测资格;伪造检测结果的,责令改正,没收违法所得,并罚款;伪造检测结果,情节严重的,撤销其检测资格;伪造检测结果,对直接负责的主管人员和其他直接责任人员进行处罚。

五 农产品监督管理基础知识

(1)依据《质量安全法》,农产品的生产者、销售者对监督抽查检测结果有异议的,可以自收到检测结果之日起5日内,向组织实施农产品质量安全监督抽查的农业行政主管部门或者其上级农业行政主管部门申请复检。

(2)国家建立农产品质量安全监测制度。县级以上人民政府农业行政主管部门应当按照保障农产品质量安全的要求,制订并组织实施农产品质量安全监测计划,对生产中或者市场上销售的农产品进行监督抽查。

(3)国家鼓励单位和个人对农产品质量安全进行社会监督。

(4)县级以上人民政府农业行政主管部门在农产品质量安全监督检查中,可以对生产、销售的农产品进行现场检查,调查了解农产品质量安全的有关情况,查阅、复制与农产品质量安全有关的记录和其他资料;对经检测不符合农产品质量安全标准的农产品,有权查封、扣押。

(5)上级农业行政主管部门监督抽查的农产品,下级农业行政主管部门不得另行重复抽查。

(6)依据《质量安全法》,发生农产品质量安全事故时,有关单位和个人应当采取控制措施;及时向所在地乡级人民政府和县级人民政府农业行政主管部门报告;收到报告的机关应当及时处理并报上一级人民政府和有关部门;发生重大农产品质量安全事故时,农业行政主管部门应当及时通报同级市场监督管理部门。

(7)《质量安全法》规定,有下列情形之一的农产品,均不得销售:含有国家禁止使用的农药、兽药或者其他化学物质的;农药、兽药等化学物质残留或者含有的重金属等有毒有害物质不符合农产品质量安全标准的;含有的致病性寄生虫、微生物或者生物毒素不符合农产品质量安全标准的;使用的保鲜剂、防腐剂、添加剂等材料不符合国家有关强制性的技术规范的;其他情形不符合农产品质量安全标准的。

第三节 市场控制

一 目标市场控制

目标市场控制涉及因素包括市场容量、市场发展潜力、企业匹配能力等要素。如果目标市场容量过小,无法满足企业发展需要,这样的目标市场可以放弃,交给一些小规模的企业更为合适。如果目标市场虽然目前较小,但是具有非常大的发展潜力,而企业又可以进行相应成长,这样的目标就非常合适。总之,任何一个目标市场的选择都会有相应的竞争压力,只要与企业自身能力匹配,且具有成长空间,这样的目标市场就是合适的。

二 定价控制

从农业发展历史看，由于整体上食物是供不应求的，所以消费者并不认可农产品质量存在本质的差异。因为质量不存在本质差异，所以农产品历来是以成本进行竞争，也就是价格越低的农产品，其竞争力越强。但是，随着生产力发展，农产品质量差异越来越受到消费者的关注，所以农产品质量分级已经成为世界各国普遍接受的事实。而与质量分级相匹配，农产品价格就应该有所区分，质量好、成本高的农产品就应该匹配更高的价格。因此，在定价控制方面，一定要将农产品根据认定质量等级进行定价，有机农产品价格是绿色农产品价格的2倍左右，而绿色农产品价格可以定为普通农产品价格的2倍左右。以大米为例，现在普通大米价格约为3元，而绿色大米价格可以定为6元，而有机大米价格则可以定为12元左右。这个价格与农产品市场上实际价格也较为接近。

除质量因素外，农产品定价还要考虑品牌定位，以及与品牌定位相关的渠道类型、折扣政策、竞争因素、需求因素以及政府的宏观管控。

三 渠道类型控制

农产品营销渠道分类根据不同的标准，可以有不同的类型：第一种是根据渠道中环节数量，一般分为零渠道、短渠道、长渠道；第二种以是否在线进行划分，分为线上渠道与线下渠道。对于优质农产品来说，其渠道往往越短越好。而对于大量普通农产品来说，其生产与消费规模小，持续时间长，这就被迫形成了长渠道。而现在新媒体与电子商务发展后，渠道类型发生了改变，原来的长渠道变成了现在的短渠道。对于普通的农产品，其渠道选择优先顺序如下：

(一)零渠道

它是利用购物平台、直播间、微店、短视频平台等方式,直接面向消费者,通过第三方物流发货。目前这已经成为农产品销售最重要的渠道,也是国家支持发展的核心渠道。

(二)短渠道(一级渠道)

它主要是满足人们传统的购物习惯,一般是通过超市进行产品销售。即超市与基地建立购销关系,产品在检验合格后进入超市销售,生产者与消费者中间会有一个超市环节。

(三)长渠道(多级渠道)

这是服务于小规模农户与城市普通家庭的渠道,小农户产品被商贩收购后卖到批发市场,批发商将农产品批发给大城市零售商,零售商在城市农贸市场再将产品卖给广大城市消费者。

三类渠道控制方法主要依赖产品类型与服务消费者类型,优质农产品一般选择零渠道;而质量较好的绿色农产品,可以选择一级渠道;而大量普通农产品则可以选择长渠道。

第六章 内外协调

第一节 内部沟通

一 组织内部沟通障碍

从沟通的定义中可以了解到，沟通过程中涉及沟通主体（信息发送者和信息接收者）和沟通客体（信息）的关系。沟通的起始点是信息发送者，终结点是信息接收者。当终结点上的信息接收者做出反馈时，信息接收者又转变为信息发送者，最初起始点上的信息发送者就成了信息接收者。沟通就是这样一个轮回反复的过程。

如图1所示，一个完整的沟通过程包括以下环节：信息源（信息发送者）、编码、渠道、信息接收者、译码、反馈和噪声（干扰源）。

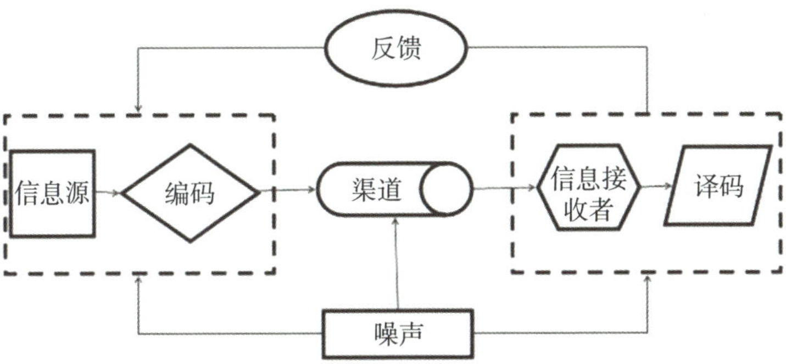

图1　沟通的过程模型

信息传递过程产生干扰的一切因素都可以被称为噪声。噪声对信息传递的干扰会导致信息失真。典型的噪声包括发送噪声、传输噪声、接收噪声、系统噪声、环境噪声、背景噪声和数量噪声七大噪声。

(一)发送噪声

发送噪声是指发生在沟通过程中的资讯发送环节的噪声。因为资讯发送主要是资讯编码的过程,因此,发送噪声也可以叫作编码噪声,如编码错误,或编码能力不佳、逻辑混乱、词不达意,或编码太艰深晦涩等。一旦出现这类错误或不足,沟通的资讯发送就会产生噪声,使沟通无法较好达到目标。当资讯发送者在编码过程中,加入了错误或过量的个人因素,或根据个人喜好对资讯进行了过滤,即对应该全部编码的资讯进行了知觉性选择,就会影响到编码资讯的完整性、准确性和及时性,从而产生另一种大的编码噪声。

(二)传输噪声

传输噪声是指发生在资讯传递过程中的噪声。人们将所要传送的资讯编码后,就要选择适当的沟通通道或渠道来将编好码的资讯传输给目标沟通主体。而在传递渠道中,又有可能出现噪声。如请人传话时,传话者对资讯进行了修改或表述不清等,这些情况都是在沟通的资讯传递通道或渠道中存在妨碍沟通的因素,都应该属于传输噪声(沟通渠道噪声)。

(三)接收噪声

接收噪声是指资讯接收者在接收资讯的过程中发生的噪声。因为接收资讯的过程主要是对接收到的资讯进行解码的过程,因此,也可以把接收噪声理解为解码噪声。一般有以下几种影响准确沟通的错误,即噪声。一是接收者受个人心理结构、心理需求、意向系统、文化教育水平、理解能力、心理期望、社会角色地位、人生阅历等因素的影响,不同的接收者会不自觉地对所接收到的同样资讯做出令人惊讶的不同理解和反应。人们一般把这种反应叫作选择性知觉现象。二是接收者个人解码能力或者说接收能力不足的问题。人们经常用“对牛弹琴”来形容一个人无法理解自己所要传达的东西。在沟通的资讯编码、传递及资讯代码系统均完好的前提下,依然会有些接收者由于个人智力、经验、思想等方面的局限而无法准确理解人们所准确传递的资讯。

(四)系统噪声

完整的沟通过程实际上构成了一个相当完整和复杂的沟通系统,在系统的各个部分、各个环节,如发送、传递、接收、背景等,都有可能产生和存在噪声。这些噪声可以细分为各种不同的噪声。沟通的资讯代码由于系统差异或缺陷会引发沟通噪声。沟通的双方在进行沟通时,必须借助于一种双方都能理解和熟悉的资讯符号代码系统,发送者进行编码和接收者进行解码所用的资讯符号代码系统必须一致,双方的沟通才能实现。系统噪声的一种是系统平行噪声,即双方所用的沟通资讯符号系统完全不同,双方对对方所传达的资讯均无法解码,自然也就无法互相沟通理解。系统噪声的另一种是系统差异噪声,即双方所用符号代码系统有同有异,不完全相同,就会造成一方对另一方的资讯一知半解,不能恰当领会。由于每个人的情况千差万别,资讯符号代码系统又是一种文化性的概念和工具,人们只有通过不断学习,才能理解并运用资讯符号代码系统。因此,人们个体的差异往往会导致人们内在的资讯符号代码系统不能完全一致,因此也就在客观上留有产生系统差异噪声的可能性。

(五)环境噪声

环境噪声指的是在沟通过程中,影响沟通效果的一切客观外在环境干扰因素。如当人们用语言进行沟通时,周围马达轰鸣,或人声嘈杂,导致互相听不清。又如当人们用道具如旗语进行沟通时，雾气弥漫或夜色太黑而导致人们无法看清。又如人们在夜总会或酒吧，开具有重大意义和严肃的公司董事会等，都会对沟通的预期效果产生不利影响，使沟通的过程产生噪声。

（六）背景噪声

背景噪声主要是指在沟通过程中，由于沟通背景因素而产生的沟通噪声，而沟通背景主要是指沟通过程的心理背景、社会背景和文化背景，不把物理背景包括在内。显然，沟通双方的情绪状态、沟通态度有偏差时，就会导致资讯传递受损或不顺，也就产生了沟通噪声。社会背景指沟通双方的社会角色关系。不同的社会角色，对应不同的沟通期望和沟通模式。人们为了达成良好的沟通，在沟通时必须选择适合自己与对方的沟通方法与模式，一旦选择失误或出现偏差，沟通的社会背景噪声就会产生。文化背景是人们生活在一定的社会文化传统与现实中所形成的价值观、思维模式和心理结构等的总称。

（七）数量噪声

数量噪声是指在沟通过程中所传递的信息量过大或者严重不足，因此导致对方无法及时全部接收、或分清资讯主次，或因信息量太大而无法及时达成充分理解，或因信息量太小，沟通的资讯缺乏必要的有意义的内容，而使沟通成为小题大做、浪费时间和物资的事情。在企业管理实践中，数量噪声是客观存在的。资讯数量噪声产生原因在于沟通者对沟通的必要性、意义、信息量和沟通频率缺乏认识和把握。

在沟通过程中，噪声是一种干扰源，它可能有意或无意地交织，影响编码或解码的正确性，并导致信息在传递与接收过程中变得模糊和失真，从而影响正常交流与沟通。

二 与上级的沟通

(一)与上级沟通的目的及形式

1.请示工作

凡是本组织无权、无力决定和解决的事项可以向上级请示,而上级则应及时回复。

(1)仔细聆听上级的命令。5W2H:时间(When)、地点(Where)、执行者(Who)、为了什么目的(Why)、需要做什么工作(What)、怎么样去做(How)、需要多少工作量(How many)。

(2)与上级探讨目标的可行性。初步:汇报解决问题的方案;自检:方案的可行性及可能出现的障碍。

(3)拟订详细的工作计划。工作计划及时交予上级审批,关于工作时间进度要有详细的时间表,便于上级监控。

2.汇报工作

汇报是向上级机关报告工作、反映情况、提出意见或者建议,答复上级机关的询问。

(1)在工作进行之中随时向上级汇报,留意自己的工作进度是否与计划书一致,及时听取上级的意见及建议。

(2)工作完成之后及时总结汇报。总结成功经验与不足之处。不要忘记提及上级的正确指导及他人的配合。

3.提建议

(1)善于发现问题,解决问题。

(2)要有针对性,不要含糊其词,不要言语激烈。

(3)不要求文辞华美,平时要一事一议,把建议说明白即可。

(4)提建议之前,学会换位思考。

(5)提出的建议要有合理性，不要笼统概括，要让你的建议让人乐于接受。

(6)效益至上。

(7)切忌越级提建议。

(二)与上级沟通的关键

1. 接受现实

承认上级领导地位以及影响力的情况下，尊重他们，你应该尽善尽美地完成工作，而不是贸然挑战权威。如果让你挑选老板，你可能会有许多不同的选择。但现实世界中，我们不得不为那些碰巧被管理层所欣赏的人工作。即使是无能的上级，也会有足够的职位权力让你痛苦不堪。从政治角度出发以非常明智的方式处理好与上级的关系，我们提出以下建议：研究你的上级，你的上级有权力指挥你。

2. 不要期望完美

上级可能会有各种各样的行为习惯，试着找到让他高兴的方法，弄清他做事的方式和获得信息的方法。不要简单直白地告诉上级“不能”做什么，如果你实在要劝说某位上级不要做某些确实愚蠢的事时，也要先同意他的看法。事实上，承认他们的权威通常让他们比较容易冷静。向上级汇报工作时语速要快。上级都是比较忙碌的人，日常安排都很紧凑。他们也是聪明的人，汇报工作时要简明扼要，突出重点，有条理性。

3. 不要多做解释

即使更多解释对你有帮助，也不要去那样做。一开始就要讲出自己最重要的观点，一定要快速进行，而且做好思想准备，三句话之后他们就会不停地问你。上级不会喜欢只听你一个人的独白，他们想要控制整场对话，希望获得所有需要的信息。

4.不要期望具体的指示

上级的思维通常会从某个重大的问题快速地转移到下一个问题，他们的指示不会特别清晰。如果你一定要他们给你具体的指示，他们会变得不耐烦，而且觉得你这个人不够聪明。若想成功地与上级共事，你必须具备一定的心理学知识。你还要和上级的行政助理建立牢固的关系，因为他知道如何揣测上级的心思。

5.完成任务

一旦上级给出模糊的指示，他们就不想再听到有关这件事情的方方面面了。在他们的头脑中，这件事已经解决了，交给你解决了，他们已经开始去解决其他事情了。只有出现差错时，他们才有可能再次关注此事，你当然不希望那样的事情发生。另外，应该避免回头向主管们要求更多的知识或信息。如果你想不清楚，可以利用自己的关系或拜访他的行政助理。

6.注重细节

尽管上级给你的指示比较模糊，还不允许你回头得到更明确的指示，你却必须把事情做得尽善尽美。上级不喜欢处理细节问题，却期望看到干净利落地完成的任务，希望所有意料之外的困难都被克服，拖沓的工作是他们绝对无法容忍的。

三 与平级的跨部门沟通

（一）与平级沟通的目的及形式

与平级沟通困难的主要原因就是不同部门目标各异。为了保证各个部门能够各尽其职，企业总是会为部门制定明确的战略目标，而由于职能的不同，这些战略目标往往是存在矛盾和冲突的。财务主管总是习惯于紧盯着财务指标，人事主管更多地考虑人员的匹配和优质人才选用，营销主管当然看重的是业绩的提升。于是，在人事主管看来是利润创造者的人力资本，在财务主管看来往往会是成本和负担；营销主管总是希望扩大销售人员的数量来提高总体业绩，而人事主管则更愿意关注单个员工的绩效而倾向于控制招聘规模。因为有明显的利益冲突，与平级沟通存在困难，那么有没有办法让它可以简单点？

我们发现，现实中大多数企业平级沟通的内容很多是例行工作，例外工作极少。而例行工作中跨部门的协作本可以通过企业流程管理、制度管理来实现。很多企业不重视制度、流程的建设使得需要平级沟通的事情又多又复杂，而企业的规模越大，这个问题就越明显。所以，高层管理人员应思考哪些事务是企业例行事务，用流程、制度来规范它，让平级沟通的很多事情有章可循，自然就让平级沟通更加高效。反之，不只事情难以沟通，浪费时间，还可能影响企业风气，人人想着搞关系。如果没有流程、制度的管控，业务员只要和生产经理关系好，他的订单就能被优先安排，不全面考虑所有订单的轻重缓急的现象就会增多。试问如此，谁还能全力去做自己的本职工作？

所以，在我们谈如何高效与平级沟通之前，还是要充分关注企业流程、制度管理体系之于平级沟通的作用。

（二）如何才能做好与平级之间的沟通呢？

（1）理性平等看待对方的诉求，坦诚陈述具体问题。不同部门各自有自己的算盘，或者说目标。如果要协作完成一项任务，不同部门需要沟通协作。如何协作？我们要理性看待对方的诉求，就跟你自己的诉求一样，平等看待。请在沟通中牢记自己想要达成的目标，坦诚表达具体问题，时刻记住沟通只是手段，达成目标才是你的目的。所以首先，请放下你那“总有人要害我”的心理，这是有效沟通的前提。

（2）从企业战略的角度出发，以企业利益为最高利益，懂得适当妥协。平级沟通中，我们往往由于各自利益诉求的冲突而导致沟通困难，而又因为谁也不比谁权威，而最终产生僵持。于是大家只能找领导来定夺，于是乎很多企业的领导没时间思考战略，却在这方面花费大量的时间。而如果我们能站在更高的角度思考，从企业战略的高度出发，以企业利益为最高利益，问题的解决办法往往显而易见。在这个前提下，我们如能适当妥协，就是非常有益的，企业需要这样的人。

(3)勇于承担责任。平级沟通中常见的情况是大家对高层的依赖，如果高层放权不够充分的时候，一件本可以简单解决的事情就会被复杂化。如果出于时效性的考虑，你对这项任务、这个问题的关键很有把握，有时候你需要拿出勇气与责任心。你可以说："就这么决定吧，出了什么事，我负责！"

(4)不要随便打"领导"牌。能够与平级沟通达成一致的就不要轻易用"领导"来使对方屈服。"领导说要这么处理的！"一是对方只会对你更蔑视；二是你可能不知道，"领导"这个政治资源要用在值当的时候。

总之，高效平级沟通的主要途径还是在于管理者的战略眼光、全局思维，应时刻将组织整体利益置于部门利益之上。

四 与下级的沟通

(一)与下属进行有效沟通的障碍

领导要对下属进行有效的管理，就要与下属进行有效沟通，不能不顾下属的所思所想，单凭自己的感受管理下属，而这恰恰是许多领导在管理下属时容易忽视的问题。领导只有实现与下属之间由排斥性沟通向建设性沟通的转变，才能与下属进行有效沟通。

1.排斥性沟通的表现形式

一般来说，在管理制度严厉的环境下，下属会刻意地包装而尽量不暴露自己的缺点和错误,因为领导具有评判权和赏罚权。领导者在给下属做指导或提建议时,如果高高在上,与下属有明显的等级距离,下属就很容易产生一种被排斥感,这就是排斥性沟通。这种沟通实际上否定了下属的存在价值,否定了下属的主观能动性和重要性,会使下属在与领导进行沟通或完成工作任务时产生消极甚至对立的情绪。在排斥性沟通中,领导者有优越感,主要表现为:惯于奚落他人、自我夸大,好做事后诸葛亮;常以行话、惯用语、术语将下属排斥在外,形成沟通障碍;与下属沟通时,喜欢讲一些下属不知情的事情,让下属丈二和尚摸不着头脑,给下属一种高高在上的印象。

2.过于严厉

主要表现为:独断专行,对下属的不平观点不加考虑,根据自己的意愿和观点来重新解释下属的观点;喜欢做全能冠军,从不说"我不清楚""我不知道"之类的话,在每一件事上都表现出自己十分在行,不能忍受批评或接受下属的反对意见;喜欢在沟通之后做总结发言,并设法使下属明白自己的总结是结论性的,是完全和绝对的。

3.冷漠

主要表现为:沉默,对下属主动提出的问题不做语言回答,不做目光接触或无任何表情;经常打断下属;在交谈中干别的与沟通无关的事情,给下属的感觉是不关心、不重视。与下属之间的排斥性沟通虽然不一定是领导刻意为之,往往是领导在不经意间犯的毛病,但对下属的伤害极大,容易使下属产生戒备心理甚至对立情绪,不利于领导了解下属及其实际工作情况。因此,领导务必加强与下属的有效沟通。

(二)与下级沟通注意点

1.让员工对沟通行为及时做出反馈

沟通的最大障碍在于员工误解或者对管理者的意图理解得不准

确。为了减少这种问题的发生，管理者可以让员工对管理者的意图做出反馈。比如，当你向员工布置了一项任务之后，你可以接着询问员工：“你明白了我的意思了吗？”可以要求员工把任务复述一遍。如果复述的内容与管理者的意图相一致，说明沟通是有效的；如果员工对管理者的意图的领会出现了差错，可以及时进行纠正。或者，你可以观察他们的眼睛和其他体态举动，了解他们是否正在接收你的信息。

2.对不同的人使用不同的语言

在同一个组织中，不同的员工往往有不同的年龄、教育和文化背景，这就可能使他们对相同的话产生不同的理解。另外，由于专业化分工不断深化，不同的员工都有不同的行话和技术用语。而管理者往往注意不到这种差别，以为自己说的话都能被其他人恰当地理解，从而给沟通造成了障碍。由于语言可能会造成沟通障碍，因此管理者应该选择员工易于理解的词汇，使信息更加清楚明确。在传达重要信息的时候，为了消除语言障碍带来的负面影响，可以先把信息告诉不熟悉相关内容的人。比如，在正式分配任务之前，让有可能产生误解的员工阅读书面讲话稿，对他们不明白的地方先做出解答。

3.积极倾听员工的发言

沟通是双向的行为。要使沟通有效，双方都应当积极投入交流。当员工发表自己的见解时，管理者也应当认真地倾听。

当别人说话时，我们在听，但是很多时候都是被动地听，而没有主动地对信息进行搜寻和理解。积极的倾听要求管理者把自己置于员工的位置上，以便于正确理解他们的意图而不是你想理解的意思。平时，倾听的时候应当客观地听取员工的发言而不做出判断。当管理者听到与自己不同的观点时，不要急于表达自己的意见，因为这样会使你漏掉余下的信息。积极的倾听应当是接受他人所言，而把自己的意见推迟到说话人说完之后。

4.注意恰当地使用肢体语言

在倾听他人的发言时，还应当注意通过非语言信号来表示你对对方的话的关注，比如，赞许性的点头，恰当的面部表情，积极的目光相配合，不要看表、翻阅文件、拿着笔乱写乱画。如果员工认为你对他的话很关注，他就乐意向你提供更多的信息；否则员工有可能怠于向你汇报自己知道的信息。研究表明，在面对面的沟通当中，一半以上的信息不是通过话语来传达的，而是通过肢体语言来传达的。要使沟通富有成效，管理者必须注意自己的肢体语言与自己所说的话的一致性。

比如，你告诉下属你很想知道他们在执行任务中遇到了哪些困难，并乐意提供帮助，但同时你又在浏览别的东西，这便是一个"言行不一"的信号。员工会怀疑你是否真正地想帮助他。

5.注意保持理性，避免情绪化行为

在接收信息的时候，接收者的情绪会影响到他们对信息的理解。情绪能使我们无法进行客观、理性的思维活动，而代之以情绪化的判断。管理者在与员工进行沟通时，应该尽量保持理性和克制，如果情绪出现失控，则应当暂停进一步沟通，直至恢复平静。

6.减少沟通的层级

人与人之间最常用的沟通方法是交谈。交谈的优点是快速传递和快速反馈。在这种方式下，信息可以在最短的时间内被传递，并得到对方回复。但是，当信息经过多人传送时，口头沟通的缺点就显示出来了。在此过程中卷入的人越多，信息失真的可能性就越大。每个人都以自己的方式理解信息，当信息到达终点时，其内容常常与开始的时候大相径庭。因此，管理者在与员工进行沟通的时候应当尽量减少沟通的层级。越是高层的管理者越要注意与员工直接沟通。

第二节　外部沟通

一　与政府部门的沟通

(一)利益趋同的重要原则

美国人欧思文某段时间频繁地飞行在北京与常驻地新加坡之间的航线上，让他如此忙碌的最主要原因是当时正在进行的中美双边航权谈判。他是UPS亚太区公共事务副总裁。

谈判之外，欧思文还有很多工作安排，譬如说在北京大学做主题为“公共事务在私营领域中的角色”的演讲，阐述他的雇主UPS在公共事务工作领域的方法和立场，他还与美中关系全国委员会杰出青年论坛中的一些中美政界和商界青年领袖进行了非正式会面。不难看出，他的行动都是围绕着他正在进行的重要工作——争取更多的航权而进行的外围公关。

“我们在任何国家公共事务中的角色都是向当地政府说明：我们的立场为什么最符合你们的公众利益。而我们目前面对的挑战是要知道当地的政府和人民究竟是怎样想的，我们才能找到当地对公众利益的确切定义。”欧思文对记者说。

这里，涉及的是跨国企业进行政府公关活动时的一个最核心的问题——你的原则是什么？柯达公司原全球副总裁叶莺在接受记者采访时，突出强调了两个原则：一是公开性原则，就是要在不同的场合向不同的对象传递同样的信息；另外一个原则就是“投其所好”，也就是说要弄明白政府在想些什么。

叶莺对此有进一步的诠释，她认为，政府是公共利益的代表，企业要对政府面对的挑战和政府采取的方向有敏锐的思考和清晰的理解。"你必须要明白它的道理，还要知道它为什么要这样做。企业的思想、理念、基本的平台和政府的政策是永远一致的，这个一致，不是说我们一定要迎合政府，而是思路上的契合。"她说。这显然是找到企业与当地社会共同利益的一个最好方式。

柯达与乐凯的合作显然就是依靠这样的思路取得成功的。柯达以收购20%股份的方式与乐凯合作，并且承诺将来不在市场上吸收新股。柯达认为这样可以化解乐凯对未来被柯达独资化的忧虑，而这显然是当时取得合作资格道路上最大的绊脚石。叶莺告诉记者："我们达成这种合作方式的时候，国家正好提出发展混合所有制经济。所以有人说，你们又踩对了点，其实不是我们消息灵通，只是我们在思考的路途上觉得，这又是一个绝对新的国企改革路子。"

那么，在不同的国家或不同区域进行政府公关活动在原则和方式上会有怎样的不同呢？博雅公关公司中国区执行董事长田行娟认为："基本的原则都是一样的。不过由于文化背景和机构设置的不同，沟通的方式方法肯定有些不同。比如在美国，对国会议员做游说的工作是合法的，美国有专门从事游说的公司。这个情况就很特殊，有美国的文化背景。但根据我以前在政府工作的经验，我觉得中国人不可能接受这么一个概念。在中国，重要的还是互动式的沟通，而不是单方面游说。(游说)这个概念在中国显然是不适合的。"

中国是一个地域辽阔的市场，这种辽阔本身就决定了不同区域的差异。怎样准确地抓住同一个主体内不同区域的细微差别呢？叶莺的说法非常生动："你必须穿上他们的鞋子，戴上他们的帽子，跟他们有一样的想法，一样的定位。"

她说："中央和地方的利益有的时候有冲突，这个是一个公开的秘密，有一些地方政府并不是违背中央的政策，而是它们有一些特殊的环境，我们必须要接受，必须要理解，同时要设法使自己在某一件事情的立场，能够站得住脚。不仅顾全地方的利益，同时在绝对不违背中央政策的原则之下使我们在地方上所做的事情不会受到损害。"

（二）与政府部门沟通的方法：政府与公众的态度

社会对新闻发言人的"苛求"，映照出公众对政府发言发声的渴求。近些年来，我国政民互动逐渐热络，但总的来看仍不太成熟，一些部门包括不少领导干部不愿说话，不敢说话，不会说话。在与公众互动过程中，政府常常遭遇这样那样的尴尬。当此之时，很有必要弄清楚几个关键问题。

与公众充分有效沟通，是建设现代政府不可忽视的一环。今天这个时代，中国经济社会深刻变革，社会矛盾和问题叠加呈现，利益和观念多元分化。加之传播格局和形态空前变化，舆论场上众声喧哗，谣言随时都在与事实真相赛跑。政府部门必须及时发声、敢于发声、善于发声。如果发生突发事件、出现热点问题，权威信息"犹抱琵琶"扭扭捏捏，等到小道消息传遍天下，留给相关部门的大概就只剩下被动挨批、百口莫辩了。主动及时回应民众关切，既是政府施政应有的理念和方式，也是引导人们了解情况、凝聚共识的必然选择。

政府发声要找到获取公众信任的最佳"打开方式"。一方面新闻发言人要多加修炼，提升个人能力素质。另一方面也要看到，回应公众并不仅仅是发言人的事。政府部门事务涉及方方面面，如果新闻发言人并不掌握充分信息，在突发状况下走个过场，拿官话套话搪塞一下，或者顾左右而言他，如此发声，说了不如不说。太多的经验教训表明，互动责任不能系于一人，而应注重团队协作，提升系统性的公开意识和后台支持。特别是主要负责人掌管全局，其身份、资源和权限意味着他们的发言更有分量。在一些重大场合或特殊情景中，主要领导若总躲在幕后，前台发言人再有能耐也难得到认可；而主要领导站出来，当好"第一发言人"，往往能事半功倍。

态度决定一切，观念引领行动。政府部门及相关人员发不发声、怎么发声，不仅是能力问题，而且是态度问题。实现与公众的良好互动，提升发言发声的效果，首先要先认清自我定位，提升自我认识。人民的政府，不应怕跟人民沟通交流，如果有缺点，也不怕人民批评指出。从观念上端正起来，在态度上重视起来，不断解决好"为了谁、依靠谁、我是谁"这几个问题，提升思想自觉，最终也将推动行动自觉。

当硬性任务内化为自身责任，何愁不能练就看家本领？如果抓住了时机，把握了节奏，讲究了策略，何愁找不到破解难题、凝聚共识的良策妙方？当各级政府发言更加生动，更加自然，更加自信，展示于世人面前的必是潮头起舞的稳健姿态。

二 与媒体的公关沟通

在国内的许多大城市中的媒体定位上，不难发现还有着许多过去遗留下来的陈旧观念，从而我们不能正确地对待媒体以及处理媒体与企业的关系。举个例子，某大企业每年的广告投入都在200万元以上，主要集中在户外媒体，报纸几乎不做，电视更是不沾边，这是人家的广告策略无可厚非，但某报纸眼馋其广告利润，在业务人员争取广告版面无结果的情况下，利用媒体的舆论监督的优势，不断地给这家企业揭短，把小事说大、大事说更大，令企业有苦说不出。无奈之下，该企业在这家报纸做了几期广告，风波才算平息。正如史玉柱总结的中国民营企业的13条死法，有2条就与此有关——媒体围剿和不负责任的报道。

由此引起许多企业感叹:媒体不好惹。真的是这样吗?我们真的有必要对媒体正本清源了。

在人们传统的观念里,媒体把报刊卖给读者,媒体的价值转换就完成了。事实上并不是这样。发行只是媒体的第一次销售,它还必须通过第二次销售才能完全实现它的价值交换。

同普通意义上的产品只通过一次销售就可以实现它的价值转换不同(比如,我们的代理商希望我们发货,但必须先打款到我们的账户,通过这么一次销售我们就可实现价值交换),媒体的产品必须通过两次销售才能实现它的价值,即媒体必须先把产品卖给它们的读者,把前期所有的采编等价值附加在读者身上,然后才能形成一件完整的产品,最后出售产品给企业(广告主),到这个时候价值才算实现了。这就是目前最流行也最有生命力的媒体"二次销售"理论。

在市场经济形势下,各大媒体原先所具有的垄断优势已经被打破,没有哪一种媒体可以强迫受众接受,即使是电视台,人们的选择余地也越来越大,国内几个地方电视台敢于与中央电视台竞争就足以说明问题。所以,媒体也必须积极努力来争取受众,只有将受众争取来了,它才有与广告主合作的资格,这对报纸而言是发行量,对电视而言就是收视率了。因为二次销售理论提示我们广告主购买的并不是版面或时段,而是受众的注意力。媒体要为生产产品(打造目标读者群)而采购原料(表现为新闻、事件或素材等)。其实我们只要看一看综合性媒体就知道,很多这样的媒体都有证券、财经、经济新闻等专刊版面。这些版面上的内容和信息从何而来?其中一个很重要的渠道就是企业。因此,凡是能够游刃有余地同媒体打交道的企业,都非常精明地利用了这一点,让媒体给他们做宣传。

媒体是把双刃剑,这是业界的共识,媒体可以成为你的朋友,也会变成你的敌人，而且是致命的。做好媒体公关，就是引导与维护媒体关系、政府关系、合作伙伴关系、投资者关系，甚至是消费者关系，为企业营造一个有利的舆论环境，并且以客观的立场，用消费者更易接受的方式进行品牌的传播，尤其在企业面临危机的时候，利用一切资源，把事情和声音引导到有利于自己的方向上来。这其中有很多技巧。

首先，要加强沟通。人们经常说一个人势利就是对人现用现交，不用不理，这样的关系到了关键时候恐怕现交也是没有用的。对媒体也是一样。经常性的感情联络、信息沟通，会使关系极为润滑，很多事情都可以水到渠成地解决。更重要的是媒体会对企业有着足够的了解，自然就会少了很多误解。新闻无大小，小事有可能会变成大事，大事也会变成小事。在信息如此发达的时代，传播出去的事将无法收回。如果媒体对企业很了解，在发布新闻的时候就会对一些不符合实际的内容予以舍弃，或与企业及时沟通，就可以免去很多麻烦。

其次，对外公关的人员要固定，最好是一个人。我们都知道各国政府设有新闻发言人，这个人专门负责应对媒体采访和发布新闻，其他人等一律不允许随便接受采访和发表言论。这样做就是为了保证对外的声音一致，该说的说，不该说的不说，该说的也要恰如其分。媒体是很敏感的，稍有不慎就会被人抓住把柄，后悔都来不及了。另外，固定为一个人也意味着关系的稳固性和持续性。以个人魅力和影响力与媒体的重要人物交上了朋友，事情就更好解决了。有些棘手的问题可以用巧妙灵活的方式去解决。

最后，要善于制造新闻，塑造企业形象。仅仅靠联络感情是不够的，企业发展乏力，新闻报道空洞无物，媒体也会与企业疏远的。正如上文所述，媒体是需要原材料的。公关要善于挖掘企业内部资源，有着与记者一样的新闻敏感和职业嗅觉。类似年产多少吨，完成多少利润，又向国家上缴了多少利税，或者扶危济困等信息读者是不感兴趣的。在经济报刊上刊发企业的新营销思路、市场业绩，在休闲类刊物上刊发能展示企业领导者的个人魅力的文章等，还是有一定新闻价值的。有了好的新闻素材，媒体会主动来为你报道，既做了最好的软广告，又促进了与媒体的关系。

三 与客户的沟通

与客户进行良好的沟通是至关重要的。如何将沟通客户做得更出色？下面将从以下三个方面分别讨论。

(一)与客户沟通的原则

1. 勿逞一时的口舌之能

与客户沟通最忌讳的就是逞一时的口舌之能。逞一时的口舌之能，虽然会获得短暂的胜利的快感，但你绝对不可能说服客户，只会给以后的工作增加难度。你在与客户沟通时，不要摆出一副教人的样子，也不要摆出若无其事的样子，这样都会引起客户的反感，反而适得其反。真正的沟通技巧，不是与客户争辩，而是引导客户接受你的观点或向你的观点"倾斜"，动之以情，晓之以理。

2. 顾全客户的面子

要想说服客户，你就应该顾全他的面子，要给客户有下台阶的机会。顾全客户的面子，客户才能会给你面子。顾全客户的面子，对我们来说并不是一件难事，只要稍微注意一下自己的态度和措辞。

3. 不要太"卖弄"你的专业术语

千万要记住，平时接触的人当中，一部分人可能对你的专业根本不懂；在与客户沟通时，不要老以为自己高人一等、什么都知道，拿出好为人师的姿态。在向客户说明专业性用语时，最好的办法就是用简单的例子、浅显的方法来说明,让客户容易了解和接受,解释时还要不厌其烦;否则客户会失去听你解释的耐心,使得你根本达不到沟通的目的。

4.维护公司的利益

维护公司的合法利益是每一位员工应该做的,也是我们与客户沟通的出发点和基本原则。在与客户沟通时,不能以损失公司的利益为代价,博取客户的欢心,更不能以损失公司或他人的利益,来换取客户对个人的感谢或谋取私利。

(二)与客户沟通的技巧

1.抓住客户的心

摸透对方的心理,是与人沟通取得成功的前提。只有了解、掌握对方的心理和需求,才可以在沟通过程中有的放矢,可以适当地投其所好,对方可能会视你为知己,这样就会事半功倍。

2.记住客人的名字

记住客人的名字,可以让人感到愉悦且能有一种受重视的满足感,这在沟通交往中是一个非常有用的法宝。记住客人的名字,比任何亲切的言语都起作用,更能打动对方的心。

3.不要吝啬"赞美的语言"

人性最深切的渴望就是拥有他人的赞赏,这就是人类有别于其他动物的地方,经常给客人戴一戴"高帽",也许你就会改变一个人的态度。用这种办法,可以进一步发挥人的潜能,使戴"高帽"的人有被重视的感觉。

4.学会倾听

在沟通中要充分认识听的重要性。你能善于表达出你的观点与看法,抓住客户的心,使客人接受你的观点与看法,这只是你沟通成功的一半;那成功的另一半就是善于听客人的倾诉。会不会听是一个人会不会与人沟通、能不能与人达到真正沟通的重要标志，要做一名忠实的听众。同时，让客人知道你在听，不管是赞扬还是抱怨，你都得认真对待。客户在倾诉的过程中，会因为你认真倾听的态度所感动，会对你的人格加以认同，这才会为你下一步的解释工作奠定良好的基础。

5. 付出真诚与热情

人总是以心换心的，你只有对客户真诚，客户才可能对你真诚；在真诚对待客户的同时，还要拥有热情。只有拿出你的真诚与热情，沟通才有可能成功。真诚是沟通能否取得成功的必要条件。

6. 学会随机应变

不同的沟通场合需要不同的沟通方式，对不同人也需要采取不同的沟通方法，要因地制宜、随机应变，这样才能保证沟通的效果。

7. 培养良好的态度

只有具有良好的态度，客人才能接受你、了解你。在沟通时，你要像对待朋友一样对待你客户。

（三）应对客户

客户投诉主要有上门、电话、信函或向上级及相关部门反映等形式，所反映的问题大多是对服务、管理、基础设施、环境卫生等的意见或建议。如何妥善地处理这些投诉是重要工作，我们必须注意以下几点：

（1）投诉或请求的内容，无论对错，客服人员必须给予答复。如业主通过信函形式反映的事情，客服人员一定要以信函形式回复。

（2）客户反映的事，我们一定及时处理，并将跟踪处理结果反馈给客户，以显示我们的工作态度及处理问题的能力和速度。

（3）如遇到客户情绪激动时，一定不要与客户发生冲突，即使客户是不在理的。待客户情绪稳定，基本上消气后，再详细地了解事情的经过。如果是我们的问题要立刻给客户解决，不是我们的问题也要耐心地解释，能够帮助客户解决问题，要热心地帮助客户。与客户的沟通，是一门融入心理学和哲学思想的学问，我们只有不断地总结实践经验，并不断地提高我们的理论修养，才能把它做得更出色、更艺术。

四 与供应商的沟通

(一)跟供应商沟通的原则

跟供应商沟通的原则就是与供应商充分沟通。充分沟通的目的，是确保供应商准确无误地理解采购内容，包括型号、色泽、数量、质量要求、供货进度等。与供应商的沟通一定要充分并形成文字记录。

既然是沟通，就切忌将自己的主观意识强加给供应商。供应商本身的主观意愿一定是想按时做好交货，所以协商时，要善于引导供应商积极配合。采购本身应该不易出错，但实际工作中却经常挨训，为什么？很多时候就是被自以为是给害了。

与供应商打交道，最忌“以为”两字。采购出错，很多就犯在“以为”上：以为他听懂了，以为他收到了，你以为他知道，他以为你知道，以为没有问题，以为不会出事，以为能按时交货。很多环节没有确认，等到后面出了问题，就讲不清楚了。如此一来，采购把责任往哪去推？只有往供应商那推，供应商会买账吗？供应商不会心生怨恨吗？人和人打交道，主要就是沟通。而充分有效的沟通，才能保证主观上出错的概率最低。把能讲的事讲完讲到位，并形成双方确认的书面记录，一旦出了事，是谁犯错一目了然。

(二)跟供应商沟通的方法

1. 平等相待，彬彬有礼

将之列为沟通的第一招，是因为这一招最重要。随着时间的推移，体会更深。这一招的要义是，你在任何供应商面前，都不要有高人一等的感觉，对供应商任何级别的员工都要做到彬彬有礼。

2. 一视同仁，不得偏袒

对待供应商要一视同仁，不得偏袒，不得厚此薄彼，这在沟通上尤其需要做到。比如，一个招标项目，对招标的三家供应商应该给出相同的标书，包括相同的技术规范。供应商有问题时，必须给出相同的解释，同时也要知会其他供应商。有时候，采购员如果在沟通时，可能不是故意的，给别人的感觉就是你对待供应商不公平，这个时候你就麻烦了：公司里面谣言四起，甚至说你跟某家供应商之间有猫腻；供应商下次就不信任你了，进而对你们公司有负面的看法。因此，我们跟供应商沟通时，要做到一视同仁，不得偏袒。

3. 你清楚，供应商才有可能清楚

沟通中的一个风险就是没有充分了解。如果采购员不清楚自己要买的东西到底是什么，怎么能够要求供应商提供满足你要求的产品？这里面有两个方面的问题。一是，内部客户提供的采购申请单内容不明确，比如生产部门叫你买一台空调，这是最好买的，却又是最容易买错的。二是，内部客户把技术规范向采购员说清楚了，把其他要求（数量、价格要求、检测规范、到货期等）也向采购员说清楚了，但是采购员没有向供应商说清楚。当采购技术性较强的产品时，采购员往往懒于弄清楚产品的要求，将图纸给供应商后就叫供应商报价，这是非常危险的。采购员不仅需要清楚采购产品的要求，还需要了解采购方对供应商的总体要求，比如质量体系、环境管理体系、付款期、将来供货时的要求等。

4. 不可以欺骗，但可以隐瞒

采购员经常碰到的一个问题是：供应商的销售员会问你很多问题，这时你不知道要不要回答，如何回答。这时候，你可以隐瞒信息，甚至不回答，但是不要欺骗。

5.不可偏信，多方求证

很多时候，供应商会向采购员提供信息，采购员整理后再提供给内部客户。如果供应商的信息不准，几次下来，采购员的可信度就会受到影响，很可能以后再也没人敢信你。这时的法则是，跟供应商打交道，沟通时不可偏信，需要多方求证。有时有必要邀请组织的高级管理人员前来访问供应商。一方面，引发供应商高层的注意；另一方面，他们应该加强宣传，尤其对于那些有意向或有重大问题的战略供应商来说，访问尤为重要。此外，对于存在重大问题或风险的供应商，也需要高层管理人员的支持，与供应商进行高层沟通和协调。通过高层访问，我们可以进一步了解供应商与组织合作的意愿，以及供应商的短期或中长期目标和计划，使组织在采购计划中有更多的参考信息。在供应商访问期间，听取供应商的反馈是很重要的，这些反馈包括问卷调查、正式或非正式的对话、侧面了解，或了解其他制造组织的经验。

（三）农业推广沟通的概念

农业推广沟通是贯穿于整个农业推广活动全过程的一项活动。推广离不开沟通。

沟通是推广、培训和信息传播的基础，是农业推广工作中的一项必不可少的活动。通过与农民的沟通，推广人员可以更好地了解农民的各种需求，同时为农民提供信息、传授知识和技术，提高农民的技能和素质，改变农民的态度与行为。

农业推广沟通是指在推广过程中农业推广人员向农民提供信息、了解需要、传授知识、交流感情，最终提高农民的素质与技能，改变农民的态度和行为，并不断调整自己的态度、方法、行为等的一种农业信息交流活动。

农业推广沟通的最终目的是提高农业推广工作的效率。沟通贯穿于农业推广的全过程，体现在各种推广方法的具体应用之中。人与人之间、人与组织之间、组织与组织之间，都需要沟通。

农业推广服务系统（图2）是指农业推广人员、推广机构以及所处的生存空间。农业推广服务系统的扩散效率取决于两个变量：一是农业推广人员本人的特征，二是其所处的农业推广组织和工作环境的优与劣。

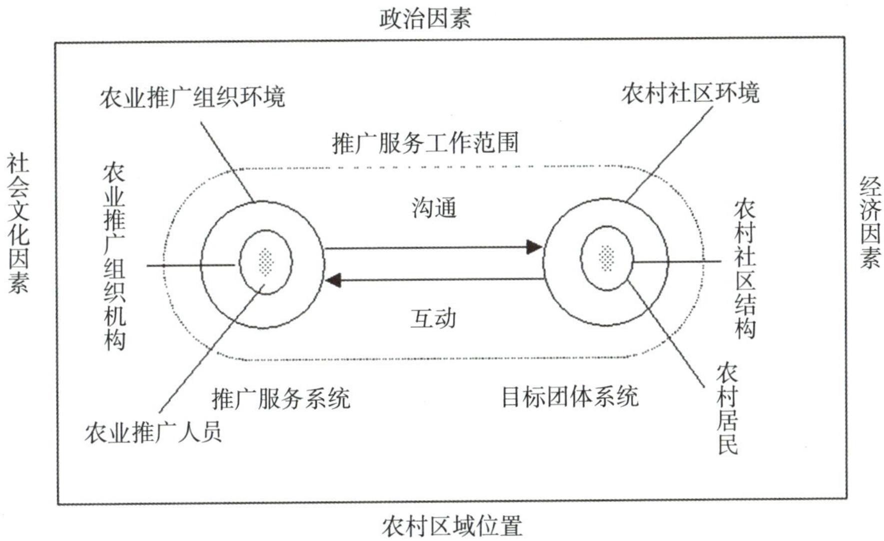

图2　农业推广服务系统框架图

我们可以用下列公式来表示：

P= f(I，ES)

P——工作绩效；

I——个人特征；

ES——环境变量；

f——函数符号。

目标团体系统是农民、农民家庭以及所处的生存空间。它的接受效率的程度取决于两个变量的影响：一是农民个人特征、素质，二是农村居民（农民）所处的生存环境。我们可以用下列公式表示：

B= f(P,ES)

B——农民行为变革;

P——农民个人特征、素质;

ES——农村居民所处的生存环境;

f——函数符号。

每一项具体的农业推广活动一般应包括两大要素:推广内容(信息)和推广方法(沟通)。内容与方法的有效结合是推广工作成败的关键,是影响推广工作效率的主要因素,即推广内容(信息)×推广方法(沟通)=推广效果。

内容(10)×方法(0)=0

内容(0)×方法(10)=0

内容(5)×方法(5)=25

内容(3)×方法(5)=15

农业推广的内容(信息)要传播给接收者(农民)。此内容必须是农民所需要的、有现实意义的、能被农民所接收的,而沟通则是信息传递的必然过程。在某种意义上说,沟通往往比信息更为重要。这是由于信息(技术、方法、经验等)为一种客观存在,但农民对信息的感受、理解、态度、接收则是多种多样的,受到多种主客观因素的影响,同一推广内容可以遇到农民不同的态度和看法。所以,推广人员要根据不同推广对象的实际情况,有针对性地采取有效的沟通方法,才能达到理想的效果。

农业推广沟通的一般程序是:首先,推广人员进行农业信息准备,然后将这些信息进行编码,变成农民能够理解的信息传递出去,经一定的途径让农民接收。其次,农民在收到信息以后进行译解,变成自己的意见,采取一定的行为,并将行为结果反馈给推广人员。

具体来讲,农业推广沟通可分为以下6个阶段:

1.农业信息准备阶段

(1)确定农业信息的内容(传递什么)。信息的内容包括待沟通的问题、性质、目的、信息质和量、适用性等。

(2)确定信息接收者(传递给谁)。信息接收者包括个人、团体、领导、专业户、普通农民等。

(3)确定信息传递的时间(什么时间传递)。沟通时机很重要,过早,时机不成熟,难以引起接收者的兴趣和重视;过晚,时过境迁,失去使用价值。看来信息沟通(传递时间)也必须是“最佳时间”。

2.农业信息编码阶段

农业信息编码就是指推广人员将所要传播的信息(内容、意思、思想、情感等)以语言、文字或其他符号形式表达,进行编码(加工),变成农民(接收者)能够理解的信息,以便传递、接收。信息编码有以下几方面的要求:

(1)农业信息表达要准确无误。要使用简单明了、通俗易懂、形象生动的语言文字来准确地表述科学概念、原理及技术方法。切莫满口术语、书生腔,否则曲高和寡,影响沟通。

(2)使用沟通工具时要协调配合。例如书面语言和口头语言相配合,语言形式和非语言形式相结合。

(3)要考虑农民的接收能力。在编码时要考虑农民的文化水平和接收能力,信息量不能太多,否则影响沟通效果。

3.农业信息传递阶段

农业信息传递阶段是农业推广人员借助沟通工具,通过沟通渠道,将信息传递出去的过程。信息传递应注意以下3点:

(1)选择合适的沟通工具和沟通渠道。沟通工具和渠道多种多样,包括技术资料、板报墙报、农村广播、电视讲座等。应确保经济有效,沟通顺利。

(2)选择合适的传递速度。传递过快,接收不完全,欲速则不达;传递过慢,易失良机,既影响沟通效果,又降低工作效率。

(3)防止漏传与误传。尽力排除各种干扰,力争准确无误。

4. 农业信息接收阶段

农业信息接收阶段是指农民通过一定的沟通渠道,接收所传信息的过程。应力求做到不漏掉传递来的每一个信息符号。

5. 农业信息译码阶段

农业信息译码阶段指接收者(农民)将获得的信息进行译解,变成自己能够理解的内容、思想、意念的过程。接收者应注意:接收、理解不能断章取义,不能误解、曲解。

6. 农业信息反馈阶段

农业信息反馈阶段是农民(接收者)对信息内容加以判断、评价,向推广人员(传递者)做出一定反应,并采取某种行为(态度、意见、要求)反馈给推广人员的过程。

这一阶段应注意以下两点:

(1)反馈要及时,使传递者及时了解信息接收程度,以便采取相应调整措施,提高沟通效果。

(2)反馈要主动,阐述要清晰,否则影响沟通效果。

(四)农业推广沟通的特点

(1)推广人员和农民都是沟通的参与者,两者是平等的。因为无论缺少哪一方,都不能进行沟通。但是农业推广人员是为推广科学技术这个最终目的来与农民沟通的,所以推广人员常常以沟通的传送者的面貌出现,而农民则以沟通的接收者的面貌出现。两者互相提供的信息的数量和作用不能等量齐观。

（2）在沟通中，推广人员应主动适应农民，而不是让农民去适应推广人员。例如，农业推广人员是根据农民的具体条件、具体需要决定沟通的方法和内容的，而不是农民根据推广人员的需要来决定内容和方式的。双方的影响作用和性质是不同的。

推广人员对农民的影响是要提高其素质和技能，从而改变其态度和行为，通过沟通使农民掌握一定的先进技术，把科技成果传播普及开来，变为现实的生产力。而农民对推广人员的影响则是对农民有更充分的了解，如当前存在的问题是什么，农民需要哪方面的技术和信息等，从而改变推广的方法，调整服务的内容。

（五）农业推广沟通网络

在农业推广活动中，除了推广人员和农民之间的人际沟通，农业推广人员及组织要经常同社会各组织机构、部门、团体等进行沟通活动。诸如农业教育、农业科研、农业企业、生产资料供应部门、市场营销、银行信贷、金融保险、信息机构、农村各行政组织、农民协会组织等。沟通形式要多样化，形成纵横交错、多向联系的系统。

1. 农业推广沟通网络的含义

农业推广沟通网络，是指各种农业推广沟通渠道、沟通方式所形成的纵横交错、多向联系的系统复合体。在沟通网络中，各个相关成员之间通过特定的信息流联系在一起，使得网络系统中的所有成员都能经常接收新的信息。

2. 农业推广沟通网络的特征

（1）信息来源多渠道。信息来源可以是个人、群体或组织，可以是本部门，也可以是外部门。

（2）信息传递多向性、沟通主体多元性。

（3）在沟通过程中可以发现新的问题。因此，应鼓励沟通网络中各成员及时提出问题，并且证实信息。还可以积极联系一些消息灵通人士、有影响力的知名人士，通过各种形式提供咨询服务，充分发挥网络沟通的作用，提高农业推广沟通工作效率。

(4)沟通网络具有多链条交叉连接性。通过网络，我们可以了解除自己以外的其他成员的工作及活动特性，方便联系与沟通。

网络沟通应注意一个问题。由于网络沟通的链条延伸性，往往会出现沟通链条越长，沟通主体传递信息的原意在沟通过程中被曲解的可能性越大的问题。这意味着，沟通主体在沟通始端可能出现的任何错误，都将在整个沟通网络中成倍扩大。因此，要求农业推广人员，必须是一位职业沟通者、沟通专家，才能胜任工作。

(六)在农业推广中如何提高沟通效果

(1)尊重农民、真诚帮助、取信于民。信任是沟通的前提。农业推广人员应放下架子，真诚地为农民服务。

(2)充分做好沟通的各项准备(环境、对象)。要注意针对农民的文化素质、生活习惯、技术、生产需求、心理特点、群体特征等，因地制宜，因人而异进行沟通。

(3)沟通时要注意自己的语调、表情、情感等的表达及对方的反应，及时调整自身言行。

(4)鼓励和启发农民提出反馈意见、要求。

“知己知彼，百战不殆。”启发、引导应该有一套策略、方法。比如落实推广项目，以假设代替真实，某项目在某地已试用，出现哪些结果，问农民：“如果你们在实施过程中遇到类似问题，如何解决？”比如调查农民的消费心理，可以问农民：“假如你有1万元、10万元、100万元，你如何消费？”

增进农业推广人员与农民的沟通是农业发展的必然要求，是农业现代化的重要一环。有效地沟通能够增进农业推广人员与农民的了解，消除相互之间的误解，提高农业推广的成效。为了促进农业推广人员与农民的直接沟通，需要改革农业推广人员的考核制度，重视农民对农技人员的评价意见，并注重农业推广实际成效。

五 跨文化沟通

跨文化沟通通常是指不同文化背景的人之间发生的沟通行为。因为地域不同、种族不同等因素导致文化差异，所以，跨文化沟通可能发生在国际上，也可能发生在不同的文化群体之间。

（一）跨文化沟通措施

1.培养跨文化意识

具体来说就是导入要进行跨文化沟通对象的文化要素，树立文化差异的意识。在这个意识的基础上，要主动地学习对方的语言，提高听说能力，以便更好地与对方进行沟通。有了语言的基础后，就可以有针对性地比较沟通对象的文化与自己文化的差异，提高对文化差异的察觉意识。

2.增强文化差异适应能力

在有条件的情况下可以通过模拟真实情景（通常可以与熟悉目标文化的人员进行合作），加强语言实践，强化文化差异性的适应能力。

3.正确对待文化差异

这其中包含了两个认知的层次。

（1）意识到文化差异的存在。

（2）正确地对待文化差异，积极地学习、适应、包容它。这一个过程要注意保持不卑不亢的态度，既不能有霸权文化意识，也不可以有自卑意识。文化与国家或者地区的强弱并没有必然的联系。

4.熟悉掌握沟通的技巧

在语言沟通中，要注意口语交流和书面沟通的不同层面的不同作用。在与对方进行语言沟通的时候，要给对方和自己足够的时间进行语言交换。此外还要注意在沟通时，不能先假设对方已经理解你的意思，反而应该先假设对方不能理解你的意思，通过不断地检查来估计对方对你的话语的理解能力。

5.培养非语言的沟通技巧

在进行跨文化沟通的时候应该要留意对方的身体语言。我们可以借助观察对方的手势、面部表情等身体语言来了解他的意图。另外，我们也要熟练地使用身体语言，一方面可以运用身体语言更好地表达我们的意思，弥补语言沟通的障碍，另一方面可以避免有歧义的身体语言造成不必要的误会。

由于各国的文化存在着多样性的特点，无论是表层的语言、礼仪，还是中层次的建筑、饮食、礼仪，或者处于核心层次的民族价值观、思维方式等。这就决定我们在进行跨文化沟通的时候会遇到障碍和冲突，如何有效地进行跨文化沟通具有十分重要的意义。

（二）跨文化沟通障碍

1.自我文化中心主义

这种障碍原因在于，在与人沟通时，习惯性地采用自我的文化观念、价值观念、道德体系作为标准来看待他人的行为。这种障碍通常会造成漠不关心距离，例如对对方的要求（如特殊的节假日不工作）不加理睬；回避距离，例如因不了解对方的文化礼仪而回避与其交流；蔑视距离，例如因不了解对方的宗教生活而对他的行为进行无理地干预与批评。

（1）文化霸权主义。在进行跨文化沟通时，沟通双方的地位往往不平等。处于优势的一方，往往容易把自己的一套文化准则强加在弱者一方的身上，并强行地要求对方遵循。处于劣势的一方，往往会有文化自卑感，在沟通时消极地应对。与之相反的是，劣势方会有强烈的反叛意识，在沟通中会阻挠沟通的进程或者破坏双方建立的关系。

(2)语言冒犯。跨文化沟通中，语言是首要的工具。不同的语言，有着不同的文化背景。同一句话，在不同的场合，甚至不同的声调下的意思可以相差甚远(这点在中国表现得尤为突出)，还包括同音异义、同义异音词等。在专业的翻译人员眼中，准确地翻译对方的话语也是一件相当困难的事，更不用说在沟通中我们往往不是专业的翻译人员。

(3)非语言的冒犯。非语言在沟通中的地位丝毫不逊于语言。非语言的表达方式十分丰富，例如有肢体语言(如眼神、手势、站姿)、服饰(如有些服饰只允许特定身份的人或者在特定时间、场合穿着)。例如在中国竖起大拇指表示夸奖，然而在某些国家这是典型的侮辱性的手势。

2. 核心文化的冲突

在跨文化的冲突中，核心文化的冲突最不容易被发现，但往往是破坏力最强。典型的核心文化是宗教信仰，在信仰者的眼中，宗教是神圣不可侵犯的。侵犯沟通双方的信仰无疑是为沟通埋下一颗重磅炸弹，而且这种冲突是最不容易被化解的。

3. 情绪化障碍

在跨文化沟通中，如果沟通方(一般指作客方)事先没有进行过系统性的跨文化的训练，就容易在沟通中因不了解对方所在国的价值观念和社会规范，而感到强烈的不适应感，从而产生情绪化障碍，便往往会对沟通产生抵触感，这在很大程度上阻碍了沟通的顺利进行。

在经济全球化的大背景之下，跨文化沟通已经成为一种不可逆转的趋势，“经济一体化”“地球村”等概念也在逐渐地实现。未来，我们将有越来越多的机会与有着不同文化背景的人进行沟通，因此成功的跨文化沟通有着非凡的意义。通过学习跨文化沟通的技巧,我们可以培养自身对不同文化保持积极的态度,提高我们的包容能力,改善自我主义文化意识和霸权文化意识;另外,还可以提高我们在进行跨文化沟通时的适应能力,避免情绪化障碍的出现;最重要的是提高我们的跨文化交际能力,通过顺利的跨文化沟通为我们的生活、工作创造一个新的局面。在当今社会上,跨文化沟通能力已经成为一种新型综合能力的表现。跨文化沟通的培养途径具有多样性,并不只是上述几种,而且随着时代的变化,也会被注入不同的新元素。

有效地进行跨文化沟通的关键在于对异文化的尊重和包容。不断地学习异文化,加深对其了解。再通过不断的实践,提高我们的跨文化沟通水平。

在进行跨文化沟通的时候存在障碍的原因是多种多样的,具体来说,文化差异层面的原因有价值取向、思维模式、社会规范,此外还有沟通双方是否有培养文化差异的意识。具体来说,可以用文化维度这个概念对跨文化进行分析,它主要有以下5个维度:

(1)个人身份的认同。具体来说可以分为个人主义文化和集体主义文化两大类。个人主义文化的主要特征是其关键的单位是个人。个人主义文化重视个人自由,对物体空间和隐私有更高的要求,沟通倾向于直接、明确和个人化,商业被看作一种竞争性的交易。集体主义文化的特征是其关键的单位是集体,个人的行动和决策的起点是群体,空间和隐私都没有关系重要,沟通是直觉式的、复杂的和根据印象进行的,商业是相互关联、相互协作的,认为促成结果的是关系而不是合同。以美国文化和中国文化为例,美国文化具有典型的个人主义色彩,中国文化具有典型的集体主义色彩。

(2)权威指数。权威指数指国家或社会与人之间的平等程度。具体来说就是高权力距离文化和低权力距离文化。高权力距离文化往往会导致沟通受到各种限制，因为其倾向于具有严格的层级权力文化结构，下级往上沟通会严重受阻。著名的"玻璃天花板"现象描述的就是在高权力距离文化的影响下，组织对外国工作者的排斥。相反，在低权力距离文化影响的组织中，有权力和没权力的人之间的距离更短，沟通可以向上进行，也可以向下进行，更倾向于扁平化和更民主的层级结构。低权力距离文化正趋于发展的趋势。

(3)性别角色权利。具体来说就是性别角色在事业、权力等方面的控制程度。

(4)对时间的态度。这侧重于区分对目标的长期投入或短期投入。以美国和日本为例，美国喜欢把经商比喻为"打猎"，日本则把经商比喻为"种植水稻"。这可以看出，美国侧重于短期投入，要立竿见影的效果；日本则侧重于长期的投资，来获取长线的发展。

(5)不确定性指数。不确定性指数高的国家对含蓄和不确定性因素的接受和容忍程度高，具体体现在法律条款的伸展度等方面。不确定性指数低的国家对事物的要求高度精确，喜好制定严格的标准和法律。

在现实交流中，以上5个维度往往不会单独出现，而是交叉混合，这也和文化的一体性和交融性有着密切的关系。